EN CONTACTO CON MAMI....

¡EN ESPIRITU!

MEMORIAS DE GILDA MIIROS

Para realizar pedidos de este libro, contacte con:
Palibrio
1663 Liberty Drive
Suite 200
Bloomington, IN 47403
Gratis desde EE. UU. al 877.407.5847
Gratis desde México al 01.800.288.2243
Gratis desde España al 900.866.949
Desde otro país al +1.812.671.9757
Fax: 01.812.355.1576
ventas@palibrio.com
435389

EN CONTACTO CON MAMI….

¡EN ESPIRITU!

Para empezar; no hay día, ni noche.

La luz es el rayo espiritual que cada cual lleva consigo. No transcurre el tiempo como para ustedes; sólo hay Universo y Eternidad.

Contamos con un sistema de medidas y nuestros ciclos etéreos universales; con nuestras tareas y responsabilidades.

Claridad y oscuridad son de vuestro mundo. Nuestro ámbito está radiante con energía.

GILDA MIRÓS

GILDA MIRÓS – autora.

La puertorriqueña Gilda Mirós protagonizó cine, teatro y televisión en México, Puerto Rico y Estados Unidos. Mirós fue la primera Latina de la radio hispana, con un programa de cuatro horas diarias, vía satélite entre Miami, Los Ángeles y Nueva York. Sus programas de radio en vivo fueron transmitidos desde América Latina y España. Gilda ha narrado audio guías para el *Metropolitan Museum of Art,* NYC. Produjo y narró documentales; uno durante la guerra de Vietnam. En múltiples ocasiones narró *"La Parada Puertorriqueña"* para televisión en inglés y español. Fue columnista para las revistas *"Imagen"* NYC y *"Selecta"*, Miami. Como empresaria Gilda produjo el 65 aniversario de la Sonora Matancera de Cuba con Celia Cruz y otras estrellas en Carnegie Hall y Central Park, NYC. La Arquidiócesis Católica de NYC le otorgó *"La Medalla de la Virgen de la Divina Providencia"* y fue premiada en múltiples ocasiones por la *"ACE,"* NYC, y *"Paoli"* y *"Agueybaná"* de Puerto Rico. Portavoz de *"March of Dimes"* y *"The Eye Bank of NYC."* Mirós dobló *"Madre Angélica Live."* para EWTN Radio & TV Global. Gilda publicó ***"Mis Mejores Entrevistas de Radio, Celia Cruz y Sonora Matancera"*** en julio, 2003. ***"A Portrait of Puerto Rico"*** en agosto, 2005. ***"Hortensia y Sus Patitos Felices,"*** cuento infantil bilingüe en colaboración con su madre Monserrate, julio 2006. ***"Memorias De Los Espíritus y MI Madre"*** 2009, ***"Spirit Messages To My Mother"*** 2010, ***"Mystical Wings; It's All About The Spirit,"*** ***"Alas Místicas; Es Todo Cuestión Del Espíritu,"*** 2012. En carpeta blanda, además E-Book. <u>www.gildamiros.com,</u>
<u>www.facebook/gildamiros.com</u>

Los lectores familiarizados con mis libros espíritas anteriores, saben bien que después de mis cortas oraciones cada mañana, mi madre y mis guías espirituales me transmiten mensajes por telepatía

Mi madre Monserrate y otros miembros de mi familia espiritual, son almas como nosotros, que han vivido innumerables vidas en la tierra, pero que están actualmente en un plano del espíritu, como usted y yo estaremos algún día, cuando pasemos por el proceso llamado muerte. Monserrate fue una médium de trance, excepcional; desde su niñez era capaz de ver, escuchar y en trance hablar con los espíritus; Ella siguió recibiendo mensajes del plano invisible hasta su partida al otro mundo a los 90 años en 2006.

Mis hijos, mi hermano y yo, felizmente compartimos memorables, encantadores y amorosos momentos con los espíritus que nos visitaban, prácticamente a diario; con sus deseos de despertarnos a nosotros, los terrícolas; a la realidad de una vida más exquisita en el más allá. Hasta la fecha la comunicación continua; recibo sabios e inspiradores mensajes de mami y de nuestra familia y mentores en espíritu. Este libro no es un producto de mi imaginación; las afirmaciones son demostrables.

Pensando anoche sobre cómo darle a este libro un mejor comienzo; ya que el manuscrito estaba listo, pero me faltaba algo más en la apertura. Sentía algo de ansiedad porque es mi deseo que los lectores comprendan perfectamente bien mis memorias.

Pedí la ayuda de Dios, iniciando mis oraciones. Leí en el *"Evangelio Según El Espiritismo"* algo que me tocó hondamente y me salieron lágrimas. *"Los médiums son los interpretes encargados de transmitir a los hombres las enseñanzas de los espíritus. Su misión es sagrada, porque tiene por objetivo abrir los horizontes de la vida eterna."* Me emocioné pensando en la maravillosa obra que mi madre Monserrate pudo desarrollar a través de los muchos años; y los mensajes extraordinarios que nos llegaron de los espíritus; quedándose con nosotros, para luego compartirlos con el mundo. Además pensaba en el espíritu de quien fue mi hermana en una vida anterior; Helena, que en el 2000 desde el espacio, pudo localizarnos en este inmenso planeta Tierra y logró comunicarse con nosotros; fue toda una hazaña. Nuestra queridísima Helena; trajo a otros espíritus que habían convivido con mi madre, hijos, hermano y yo, en múltiples encarnaciones; era una bella reunión familiar entre espíritus encarnados y desencarnados unidos por un grande amor; una experiencia poco usual en este mundo. Ya antes del deceso de mami, comencé a recibir mensajes telepáticos directos de mi hermana Helena, y de Alberto; que había sido mi esposo en varias vidas anteriores.

Mi madre Monserrate y yo habíamos trabajado tres libros en conjunto; *"Celia Cruz, la Sonora Matancera"*, *"A Portrait of Puerto Rico,"* y *"Hortensia y Sus Patitos Felices"* un cuento infantil bilingüe, escrito por ella.

En el 2006, con todo y el duelo, comencé a compilar el libro *"Memorias De Los Espíritus Y Mi Madre,"* basado en más de sesenta años de mensajes recibidos a través de la médium, Monserrate; mi madrecita. Durante tres años, mientras preparaba el libro; recibía a los espíritus telepáticamente a diario; casi siempre eran mensajes amorosos, apoyándonos con consejos para todos, relatos de espíritus, además estimulándome a continuar nuestra obra. Terminado ese libro, seguí con la versión en Inglés; *"Spirit Messages to My Mother".* Para más tarde lanzar *"Alas Místicas"* y *"Mystical Wings."*

Mi hermana en espíritu Helena, ha sido un baluarte en mi despertar espiritual. Mi madrecita y ella han sido factores determinantes en mi progreso durante esta encarnación; una en el mundo físico y la otra en el mundo del espíritu; no sé qué hubiese sido de mí, sin su amor y sostén. Mi madre me apoyó y estimuló con mi carrera artística y luego cuidó de mis dos hijos, para que yo pudiera trabajar; en México, Puerto Rico y Nueva York. Ella fue mi paño de lágrimas y mi pilar espiritual; a través de ella aprendí sobre la fe y la obra espirita; juntas recibimos a los espíritus, Helena y demás miembros de nuestra familia espiritual. Fueron tantos momentos maravillosos de desarrollo mutuo para ambas. Después que ella partió al más allá, descrito en mis libros; inmediatamente comencé a recibir mensajes telepáticos diarios de Helena, de mi amado esposo Alberto y ahora de mi madrecita Monserrate; todos calmando mi pena y alentándome a escribir. Para sorpresa mía, me dijeron que yo también tenía un guía que me asistía con mis obras, su nombre es Gabriel; con su ayuda, la de nuestra familia y los muchos aliados también en espíritu, pudimos en conjunto, escribir y publicar cuatro libros.

Volviendo a mis memorias; yo me considero médium inspirada y escribiente; guiada por los incansables espíritus que trabajan arduamente, regando semillas divinas de paz y amor de Dios, en este planeta Tierra.

De: Obras Póstumas por Allan Kardec – *(Tomo 1)*

"Médiums Inspirados" Aquellos *"médiums"* en que los signos son menos aparentes; en ellos la acción de los espíritus es toda intelectual, toda moral, y se revela en las pequeñas circunstancias de la vida, como en las grandes concepciones; y bajo este concepto podemos decir que todo el mundo es médium. Los espíritus que quieren ciertos trabajos, les sugieren las ideas necesarias, y por esto son, con frecuencia son, *"médiums"* sin saberlo. Sin embargo tienen una vaga intuición de una asistencia extraña.

"Médiums Escribientes" Se designa con este nombre a las personas que escriben bajo la influencia de los espíritus.

"Medium Mecánico" El espíritu obra sobre la mano, a la cual da el impulso para escribir.

"Médium Intuitivo" Una transmisión del pensamiento se logra sirviendo el espíritu del médium de intermediario. El espíritu visitante, en este caso, no obra sobre la mano para dirigirla; obra sobre el alma del humano con el cual se identifica y al cual imprime sus ideas. En este caso, el médium escribe voluntariamente y tiene conciencia de lo que escribe, aunque no sea su propio pensamiento.

Terminando mis dos manuscritos *(Inglés/Español)* los envié a la imprenta y recibí las pruebas; me puse a revisarlas, mientras mi familia amorosa de espíritus continuó comunicarse conmigo. Las siguientes son mis intuiciones más recientes:

(Espíritu de mi hermana Helena.)

Hermanita querida; pedimos a Dios paz e iluminación para laborar; además salud, ánimo y disposición para ti. Habrá lindos encuentros de espíritus que quieren servir unidos, usando cualquier medio para tocar almas. Juntos haremos mucha caridad; llevaremos la palabra de Dios a muchos pueblos; somos los nuevos mensajeros. Qué bello es el amor compartido; y la unión de almas generosas.

Tu madre Monserrate está muy contenta al ver su encarnación más reciente; con inconvenientes y todos sus dolores y escaseces, porque ella engendró, crió e inspiró a sus hijos, nietos y a muchos otros más. Son numerosos seres agradecidos que la recuerdan y la veneran. Es un lindo regalo de Dios y bello legado para el mundo. Ella tiene la alegría de servir; de vivir en espíritu, cumplir en espíritu y de amar en espíritu.

A veces no tenemos idea hacia dónde vamos; marchamos a ciegas, pero marchamos; no, no nos estancamos; ahí está el detalle; con incertidumbre nos movemos; hacemos el intento de adelantar, no nos detenemos; eso tiene gran mérito. Nos une a todos un inquebrantable amor; dichosos nosotros que sentimos ese afecto tan puro y sólido, bendito por Dios; por los siglos de los siglos.

(Espíritu de mi madrecita Monserrate)

Hijita querida y madre amada, *(Fui madre suya en una vida anterior.)* Somos una gran familia de espíritus afines, nos amamos, nos buscamos y nos ayudamos. Entre todos podemos aliviar las penas del mundo terrestre; hay una unión de pensamientos y propósitos. ¡Alabado sea Dios!

Dile a Karym, nieto e hijo, tan amado por mi *(Fue hijo suyo en una vida anterior.)* Tan querido; tu perrito Petee me acompaña a veces; él juega en un lindo parque con Romy; son buenos perritos. Fuiste tan bondadoso; ellos te recuerdan con cariño. Soy tan feliz, con y por ustedes hijos y nietos míos, gracias. Gilda, créeme, a ti te encanta este mundo; hay tanto que hacer y qué ver; son tus gustos. Me voy ahora con Helena porque tenemos grandes tareas; estamos de turno, cuidando almas que necesitan asistencia; hay muchísimos espíritus padeciendo. Somos todas enfermeras; tus tías Paquita y Pura, Mami y abuela Nené. Dios los bendiga a todos. Sol, luna, estrellas, firmamento; todo eso te espera, Gilda.

27 de marzo, 2012.

Espíritu de Helena:

(Escuché el trinar de los pajaritos en mi ventana.) Dichosos los oídos que oyen los pajaritos felizmente con su trinar; ellos le cantan con gratitud a Dios y a la vida. Así debemos hacer nosotros; cantarle a la vida, pero a la vida productiva, amorosa y de servicio a otros. Somos dichosos, amen hermana. Gilda querida, a veces quieres adelantar la vida, pero no es posible; es un proceso de día a día. Es aprendizaje, tropiezos, levantarse y más aprendizaje; es el ciclo de la vida,

pero lo maravilloso es aprender, saber que estamos haciendo y logrando. ¡Es buenísimo! La mayoría de las veces no sabemos el porqué de las cosas. ¿Verdad? En este caso la luz ha entrado iluminándote, hermana; ahora sabes el porqué de tu estadía aquí y el cuido de tu padre. *(Mi padre de 100 años vive conmigo.)* Dios en su sabiduría lo ha planificado con bondad y generosidad para ambos. Luz y progreso Gilda; ya verás, hay un camino lindo, que es llano y ancho; es tu camino, muy prontito. Vas con tus obras en los brazos; llevando tu pequeña luz, convertida en foco por los seres iluminados, que te acompañan. Los que no te recibían, te recibirán y tus obras tendrán cabida en sus arcas. ¡Sucederá ahora, sí ahora! El amor que sembraste retornará, ya lo verás. Paz y amor hermanita, gracias a Dios; hay muchos, muchos congregados aquí; deseando hablar.

2 de abril, 2012.

Espíritu de Helena:

Paz y amor Gilda; si soy yo, Helena; visitándote con gran alegría. Los libros nuevos están casi listos; un poco más de revisión y es todo. ¿Lo puedes creer? ¡Qué maravilla! Gracias al Creador y a los hermanos que han asistido. Dios es nuestro guía; siempre lo será; sacándonos de un camino estrecho y frio, para llevarnos a la eternidad. Siempre hay algo en el tintero para ti hermanita Gilda. No te preocupes por mañana; tu hoy es lindo y elaborado; mañana será mejor. Es cuestión de días y de meses; lo que sea, bienvenido sea, porque viene con el permiso de Dios y Él sabe lo que nos conviene. Cada amanecer es bello para ti y para tu obra; siempre deseosa de terminar, empezar, o continuar; siempre hay algo para ti hermana; eso es felicidad, sí, sí.

No hay pereza ni indiferencia o aburrimiento, no, ¡No! Ideales concretos y realizaciones por bien de los demás. Eso tú lo pedias antes de nacer, a gritos: *"Servir" "Las comunicaciones"* y Dios te lo concedió. ¿Qué mejor? Es bonito compartir el amor; es pasión calmada como dice tu madrecita. Hermanita todo está bien, hay armonía; tú lo sabes, se percibe, se ve.

12 de abril, 2012.

Espíritu de Gabriel:

En nombre de Dios Todopoderoso. Hace tiempo que no hablamos Gilda, hermana querida por todos; no desesperes. Termina la obra; es linda, linda. Estamos contentos, satisfechos con tu enorme esfuerzo y sacrificio; muchas horas empleadas en tu tarea. Dios si tiene su plan y grande; es un escalón más en la mejor dirección. Sigue tus pensamientos; la senda es larga y linda; flores maravillosas crecen a ambos lados; son tus oyentes. La canción de las aves te hacen soñar; y que lindo es soñar. Concéntrate, sigue y termina. Damos gracias a cada uno de los seres de distintos niveles que han contribuido a esta obra bendita.

19 de abril, 2012.

Espíritu de Gabriel: *(En el lago)*

En nombre de Dios Todopoderoso; fíjate Gilda como el sol te calienta sin lastimarte. Te fortalece los huesos y la sangre; son muchos beneficios con unos minutos de sol. Así Dios nos calienta el alma, con unos instantes de oración; nos fortalece para lidiar con la vida. Dice Alberto que tú has sido escogida por Dios y asistida por nosotros para iniciarte en un nuevo camino de luces para asistir a otros. ¡Ya sabrás más! Adelante hermana; nuestra misión en conjunto es bellísima. Se necesitan bríos; si, porque la carga es pesada. Se deposita a su debido tiempo y no antes; se cumple; eso lo has aprendido bien. No hay la menor duda de tu compromiso con Dios y con los seres de luz. Está ahí plasmada en tus obras; con tus deseos de hacer más y más y lo harás, sin titubeos. Muchos compromisos habrá y grandes, como ese sol que brilla, calienta y alumbra. Gilda, todo sucede de acuerdo a un plan. Luz, paz y tranquilidad para ti hermana; que nada ni nadie te tumba.

17 de mayo, 2012.

Espíritu de Gabriel:

(Terminando de repasar las pruebas de la imprenta.)

En nombre de Dios Todopoderoso; aquí estoy a tu lado inspirándote y llenándote de energía universal. *"Lo que buscas lo encontrarás hijita mía."* Dice tu madrecita Monserrate que está cerca; igual Helena y Alberto; todos te amamos. Hermana, juntos hemos hecho una linda obra; y haremos más, con el permiso y la ayuda de Dios. Hace días que no hablamos, pero te confirmo que todo está formidable, mejor que nunca, diría yo. Dios es nuestro defensor, nuestro rayo de luz, serena y calmante. Nos lleva de su mano tierna y segura. Gracias Padre. Gilda, te digo que tienes que estar muy contenta con lo que has logrado. Falta un poquito; ya está casi todo. No desfallezcas; estamos unidos siempre. Empuja aun cuando la puerta sea pesada, empuja con todo tu peso y fuerza, porque se abrirá; ¡Oh sí! Ya ves hermana, poco a poquito avanzas, sin apenas darte cuenta ya llegas a la meta. Hay mucho más; si, hay un próximo paso prontito y lo daremos juntos.

Espíritu de Alberto:

Paz y amor, amada Gilda; aquí me tienes escribiendo también; no hay dudas ya. Sabes bien que todo esto es cierto, verdadero; es una comunicación estrecha y verídica. Pedimos iluminación para obrar, ahora y siempre. Ahora viene la cosecha, prepárate para recibir mucho; en lo material y lo espiritual. Medios habrá; como dice Helena: sí, sí, sí. Los mensajes tomarán otro matiz.

23 de junio, 2012.

(Los libros "Alas Místicas" y "Mystical Wings" llegaron de la imprenta)

Espíritu de Helena:

Paz y amor hermanita querida; felices estamos con las obras. Gracias por tu disposición y devoción; todos juntos seguimos obrando lentos pero seguros, con gran amor y paz. Somos muchos aquí reunidos, agradecidos de Dios y sus mensajeros. *(Levanté los libritos.)* Tomas los librito en tus manos y te llenas de alegría; es como abrazarnos a nosotros. *"Trabajamos juntos" (Lloraba mientras sostenía los libros en mis brazos.)* Nuestra dicha es grande; ya lo ves; lo vives cada día. Sorpresas, hay regalos de Dios por doquier. Hay mucho que hacer, muchísimo; manos a la obra. Tendrás mucha información para investigar. Gilda, hermanita, muchas gracias por tus lágrimas de amor, gracias por el compromiso, por ejecutar con diligencia; así eras en el pasado y así eres.

Hay que cumplir con todas las tareas; pequeñas o grandes, sabiendo que hay un compromiso con Dios y con uno mismo. La luz es necesaria para ver la realidad de las cosas, como son y no como las deseamos. Paz, hermana paz y paciencia; todo se hará, sí, sí. Por lo menos eres metódica y tratas de cumplir. Lo demás déjaselo a Dios; nunca nos falla; ¿Te has dado cuenta? No te preocupes; no hay obstrucciones en el camino, sino claridad. Con tus hijos adorados y con tu hermano igual; son todas bienandanzas pequeñas y grandes. Prepárate, pronto tendrás un camino, pero con tu base bien puesta. Tu madre está cerca, como siempre; amándote, los amamos a todos. Dios es generoso y justo; cuando menos lo esperas: ¡lindos regalos! Gratos como te dijo Gabriel: *"Miel de una gotera divina."*

14 de julio, 2012.

Espíritu de Arturo:

Gilda; Tengo un mensaje para el mundo: ¡Ahora es el momento, vamos a comenzar! ¿De qué se trata todo esto? ¡Es acerca del espíritu! Es tan claro como el día ante tus ojos, saltando a la vista; simplemente no quieres ir hacia allá. Dices: ¿Corregir mis maneras? ¡No, no! ¿Amar a mi prójimo? ¿Por qué? ¿Practicar lo que se predica? ¡Nunca! ¡Déjame! Si muero, muero; hay sólo una vida, déjame disfrutar de ella. ¿Qué, acaso tú estás bromeando?"

Sigues, sigues; ¡pero te equivocas malamente! ¡Estás muerto! ¡Los muertos vivos! No es sólo una vida, hay muchas vidas. Hay muchas vidas en los archivos de tu espíritu; tienes datos almacenados en el Universo. ¿Por qué no? Hay archivos y base de datos en la Tierra; ¿Porque no en el Universo?

¿Tengo una pregunta para ti? ¿Qué sucede con el cuerpo sin vida, cuando enterrado o incinerado? Se convierte en cenizas o tierra vegetal; se transforma en otra cosa, no desaparece del mapa. ¿Verdad? Ahora; ¿Qué pasa con el alma, la energía o el espíritu que le dio la vida a ese cuerpo? ¿Qué ocurre en caso del fallo del cuerpo, o lo que ustedes llaman muerte? ¿Dónde va el alma o el espíritu? ¿Desaparece como una nube de humo? ¿No te has preguntado sobre eso? ¿Dónde están tus seres queridos o amigos que partieron? ¿Desaparecen en la nada? ¿Crees que sus vidas y amores fueron inútiles?

Supongo que tú no crees en una Inteligencia Suprema, o lo que el hombre llama Dios. ¿Crees? ¿Piensas a veces de cómo las cosas *"Reventaron"* en formarse? ¿De cómo todo, planeta Tierra, naturaleza, los seres humanos, salieron de la nada? ¿Realmente lo crees tú? Dices tú: "*El Big Bang,*" pero antes de eso, ¿Qué? ¡Eres un idiota! ¡Eres El Gran Idiota! Por qué no reflexionas o meditas; como se llame. ¿Por qué eres tan infeliz? ¿O, por qué eres tan indiferente? ¿Eres feliz? ¿Por qué hay tanta miseria y tantos conflictos en este mundo terrenal? ¿Hay alguna razón para todo eso? Pero dices: *"Es como es, eso es todo; no es gran cosa. No es mi problema."* Por lo que tú crees; no hay ninguna razón para todo ello; es un efecto, sin ninguna causa. ¿Es correcto? Así que tú crees que las personas sufren sin ninguna razón especial. ¿Que se lo buscaron a sí mismos? ¡Bien! ¡En parte tienes razón, finalmente! Sí, sí, los seres humanos traen sufrimiento al mundo; creando el caos y la miseria con sus pensamientos y acciones. Son *"Hacedores"* los escultores; moldean sus vidas, son los co-creadores de todas las miserias; tú y tú y tú también.

¡Nosotros, somos uno! Sí, todos nosotros; trayendo dolor, odio, egoísmo, lujuria, codicia, todo eso y mucho más. Me dices: *"Eso es difícil creerlo. ¡Seguramente estás exagerando! ¿No lo crees?*

Bien, vamos a intentar un experimento por unos días, incluso por una semana. ¿Por qué no empiezas a pensar positivo, enviando pensamientos de amor hacia todo y todos con quien tengas contacto? Intenta cambiar tu actitud un poco; buscando bondad en la vida y en los demás. Te prometo que dentro de poco te sentirás más liviano, más tranquilo; sí, más feliz; y tú puedes incluso sentir la bondad que te rodea donde quiera que vayas. Es una gran sensación; es como tomarte una sabrosa bebida fría en un día caluroso, además verás que la gente reaccionará diferente hacia ti; te verán más simpático; te verán como un nuevo tú. Muchos negativos serán positivos en tu vida; lo que muchos llaman: días de suerte. Tus aspiraciones y metas bien pueden hacerse realidades. Pruébalo, ¿Qué puedes perder? ¡Todo depende de ti; deja de ser un idiota!

16 de julio, 2012.

Espíritu de Arthur:

Las excusas que los mortales dan: *"No quise hacerlo; lo siento mucho, no lo haré más; perdóname Padre"* Así sucesivamente; bien, no es suficiente; es la vieja melodía. ¿Por qué no cambias tu tono? ¡Atrévete!!!!! Nadie te va a perdonar si no lo haces constar y lo corriges; o al menos intentas reparar tus modos. Creo que ya es hora; además es un perjuicio para tu desarrollo espiritual; es un obstáculo. Hieres a otros con tus acciones, palabras y actitud; tu tono de voz molesta a los demás. ¿Por qué?

¿Por qué repetir las mismas acciones ignorantes? ¿Resuelves algo? No, no, al contrario, te enlodas tú mismo; castigas a tu espíritu,

17 de julio, 2012.

Espíritu desconocido:

Gloria a Dios en las alturas y a los humanos de buena voluntad; te amamos Padre, gracias. Todos unidos venceremos obstáculos del mundo terrestre y del nuestro. Queremos elevarnos, seguir creciendo en espíritu. Luz Suprema eres tu Padre; queremos tu luz y la necesitamos para ver bien nuestro camino que es tenebroso por momentos. Gilda, buena amiga, ve con claridad y seguridad; dando pasos firmes, confiando en Dios. Tus inspiraciones llegarán frecuentemente; dictados substanciosos para que compartas con el mundo que gime.

Espíritu de Gabriel:

En nombre de Dios Todopoderoso; soy yo Gabriel, aquí con Helena. Ya casi terminada esta obra, que comenzó pequeñita pero creció, así como tú; linda será y bien recibida. Te felicitamos por tu empeño; pronto lanzarás los libros. ¿Increíble verdad? No lo crees aun; tus complejos te han limitado, pero también es parte de tu humildad. Pronto escribiremos más; el deber te llama; acude. Ya haremos mucho más, tú eres nuestra pequeña aliada. Todo, todo, está bien y estará mejor, ya lo verás; habrá sorpresas gratas para todos. Dios es grande y generoso.

Espíritu de Helena:

Paz y amor hermana querida; ¡Cuanto aprendiste! Pide luz y la tendrás, para seguir tus obras; son unas cuantas, pero más pequeñas. Estás captando muy bien las comunicaciones, Gracias Padre; confiamos que seguirán; es una secuencia de bienandanzas; producto de la fe, el amor y la oración, pero desde luego cada uno cumpliendo con su deber. Los libros tocarán muchas almas y también tus palabras para los grupos escuchándote; cambios ocurrirán pronto. Le agradecemos a ese Creador por su generosidad. Somos tus aliados, Gilda; sentimos lo que tu sientes; no es fácil, lo sabemos, pero tú tendrás un nuevo ciclo; es un reciclaje; será tu etapa final.

2 de agosto, 2012.

Espíritu de Alberto:

Qué bonito es creer en Dios; poder esperar, porque Él siempre tiene gratas sorpresas para nosotros. Estate en paz Gilda; en tu alma sabes, conoces el valor de esos libritos; lo que significan. Un comentario negativo, es apenas una gota en un balde enorme. Tira el agua sucia, llénalo, llénalo de agua fresca, limpia, cristalina, y sigue con tu compás; con tu clave; dice Celia. Dios los bendiga a todos. Gilda amada, es Alberto; mi amor querido. Todo marcha bien, tranquilízate; estás muy intranquila, cálmate. Es tu indecisión; recuerda la paz lo es todo, en todo. Tu línea directa con nosotros está asegurada; comunicación tendrás y mucha habrá. Como hacerte entender lo fácil que es; aun cuando parece difícil. Habrá caminos largos que recorrer. ¡Caminemos! Te amamos.

Espíritu de Alberto:

No se debe ser tan exigente en las cuestiones de la vida terrestre porque todo es tan pasajero. Esa vida se desliza rápidamente; aunque sea con muchas tribulaciones y con sufrimientos del cuerpo y del alma. Todo eso pasa; lo que queda es el recuerdo, la lección y la purificación; así que no nos conviene tanta exigencia; además, al llegar a la encarnación estamos avisados; conscientes de las posibles pruebas. El espíritu presiente lo que puede esperar y con nuestro acuerdo o sin él; hay que cumplir con las tareas; hay que escalar, subir, siempre adelantando. No todos vencen las tentaciones o derrumban las paredes del desamor, ni de las envidias y los odios. Esos seres sienten rencor, dolor; si dolor del espíritu; existe el dolor de espíritu. *"Los dolores que sufren los espíritus"* Un capitulo o librito entre muchos.

Diariamente debemos aprovechar toda bienandanza que se presentan; todas esas cosas que nos permiten vivir cómodos; son regalos grandes y pequeños. En cualquier momento surgen sorpresas, resultados inesperados; buenos, bellos, beneficiosos para todos. Dios es benévolo; muy generoso, pero nosotros debemos poner de nuestra parte.

Sobre el dolor del espíritu: anota Gilda; el espíritu tiene un cuerpo etéreo, un cuerpo fluido, energético; es el intermediario entre el espíritu y el cuerpo; llamado periespíritu, que es más o menos denso, de acuerdo a su evolución y circunstancias. Ese cuerpo fluido precede al cuerpo humano; en cualquier apariencia que prefiera, además está constantemente recibiendo y transmitiendo destellos de energía en distintas formas y capacidades. Ese ser etéreo recoge impresiones, señales; frecuencia del mundo corpóreo, que visita a menudo; de nuevo, dependiendo de su evolución y progreso espiritual. Visita los planetas, usualmente la Tierra; atraído por los seres que él/ella ama y que aún viven ahí. Percibiendo y sintiendo en su alma, en su yo interno de espíritu; las penas y sufrimientos de los humanos, sobre todo los de sus seres amados, aún encarnados. Al comprender las penas y tribulaciones humanas; el espíritu errante se identifica con los sufrimientos ajenos, y los guía; ayudando, aliviando y en parte limpiándole la energía negativa que rodean las auras de los demás. Es como limpiar el patio de la casa del vecino. Paz y amor.

4 de agosto, 2012.

Espíritu de Gabriel:

En nombre de Dios Todopoderoso; Gilda, buena mujer, tu nombre está sonando y ha resonado, por incansable, persistente y creyente. Muchos no pueden creer tu energía y determinación. Que bello, que bello; sigamos hasta que nos escuchen; ese es nuestro propósito; penetrar esos cerebros densos, cuerpos pesados y mentes inquietas; pero estamos logrando algo, gota a gota. Contentos todos estamos; la promoción está llegando lejos, muy lejos; Gilda, has hecho maravillas con lo poco que tienes y harás mucho más con comodidad para seguir trabajando; compartiendo buenos consejos de los seres de luz; es tu misión. Así es y así será. Gracias Padre.

6 de agosto, 2012.

Espíritu de Alberto:

Luz y progreso amada Gilda y para todos los aquí presentes; bendiciones para ustedes; sobre todo para la niña linda y buena. *(Mi nieta Vienna Skye)* Los amamos. Lograrán sus metas, porque son creyentes, nobles, decentes y disciplinados. No, no nada de tristeza; no, solo amor y contentura por lo que hemos hecho y haremos; pide iluminación. Escucha, Celia logró ayudarte; ella tiene mucha pujanza espiritual; se lo ha ganado; además el amor de su pueblo es grandioso y la impulsa. Que maravilloso es creer en Dios. Déjame decirte Gilda, amada mía, Celia te orientó para que encontraras sus grabaciones para el programa radial en su honor.

7 de agosto, 2012.

Espíritu de Gabriel:

En el nombre de Dios Todopoderoso; Gilda; nada está inmóvil; todo es movimiento, así como tus células y tus tejidos y los latidos de tu corazón; todo con su ritmo y armonía. Es la sabiduría divina operando en cada uno de nosotros; todo con su cadencia. Dios, Padre Misericordioso, Inteligencia Suprema, nos suple todo lo necesario; el problema está en los seres humanos; malagradecidos, inconformes y ciegos. Sufren y hacen sufrir al prójimo, por su ceguera y su desamor. Las consecuencias surgen muy palpables, con enfermedades, dolores, sufrimientos a largo plazo, que se perpetúan. Ellos repiten: "*¿Porque? ¿Porque yo? Pueden decirse: ¿Porque yo no? Si yo he maltratado este cuerpo, he abusado de lo que Dios me entregó sano.*

Mi espíritu miope, no ha sabido apreciar nada, nada." Los lamentos son muchos y doquier se escucha la imploración en el momento del dolor. Sin embargo no se escuchan las alabanzas a Dios en los momentos de alegría; momentos afortunados y de bienandanzas materiales. Hay muchos infelices aclamando, pidiendo asistencia y llega porque Dios es misericordioso, piadoso, justo y generoso; el mejor Padre; rescata a sus hijos engreídos y consentidos. La asistencia llega; siempre llega.

8 de agosto, 2012.

Espíritu de Alberto:

No sabemos porque las cosas suceden, es un enigma en la mayoría de los casos y hay que conformarse con los acontecimientos; pero hay momentos cuando si sabemos y podemos aceptar y apreciar, lo que está ocurriendo o lo que ocurrió para beneficio nuestro. Te sucedió a ti; estudia tu vida pasada y comprenderás muchas cosas de gran importancia, Gilda; es como un diagrama trazado por Dios y los seres de luz para tu bien, para tu desarrollo espiritual. Ha sido doloroso el camino y también de gran envergadura y de beneficio para ti y para tus hermanos de la tierra. Le has dejado algunos bonitos recuerdos; además fe, esperanza y motivo para creer en Dios y en la vida eterna; eso tiene gran valor. Regocíjate, anímate, acicálate; sigue alegre tu camino,

(Escritura automática) **10 de agosto, 2012.**

Espíritu de Alberto:
Yo puedo escribir. Paz y amor, es Alberto.

Gilda:
Vamos a intentar escribir algo más, dime; ¿Qué puede ser? *(Música suave de fondo).*

Espíritu de Alberto:
Esa música es bonita.

Gilda:
Sí lo es. ¿Es este método mejor *(Máquina de escribir.)* que la tableta? Déjame saber cuál es mejor; más fácil para ti; poder moverlo.

Espíritu de Alberto:
Bien; al menos estamos intentando. Practiquemos un poco cada día; ambos nos sorprenderemos.

Gilda:
¿Cómo es el clima allá arriba?

Espíritu de Alberto:
¿Qué clima?

Gilda:
¿El aire que te rodea en el Universo?

Espíritu de Alberto:
Es ligero, no denso o pesado como tu atmósfera. No hay enfermedades respiratorias. Existen algunas dolencias que sienten los espíritus pegados a tierra; pero todo está en sus mentes. Traen consigo sus aflicciones y al parecer reúsan dejarlos; pero todo con el tiempo se disipa.

El tiempo es un sanador maravilloso; no tiempo como tú mides, es un tipo diferente de medida. Uno sabe que las cosas están fluyendo, moviéndose adelante; es un proceso evolutivo. Difícil, difícil de comprender; con el tiempo, sabrás Los amo a todos.

19 de agosto, 2012.

Espíritu de Gabriel;

Paz y amor hermana querida, Desde la montaña divina podemos ver el valor real de las cosas; la pequeñas y pequeñitas. Se pueden ver las grandes en la distancia; pero grandiosas en valor moral, en amor, en paz y en caridad. Así es hermana; sube a la montaña, mira a la distancia, para poner las cosas en su lugar. Ojos tendrás para aquilatar y aprovechar el tiempo que te queda.

29 de agosto, 2012.

Espíritu de Helena:

Paz y amor hermana querida, hace tiempito que no hablamos pero siempre estoy pendiente y alerta; cuidándolos. Tranquilita sigue con tus obras que son unas cuantas. Hiciste bien en unirte a la web radio. Nada, nada, te debe intranquilizar; sigue enfocada con tus intuiciones; sanas y fructíferas en pos de servir. Deseándoles claridad mental, paz y salud para todos; iluminación para ustedes y para los espíritus también.

30 de agosto, 2012.

Espíritu de Alberto:

Luz y progreso, Gilda; no todo es oscuridad, hay luz entrando por la ventana; *"Un rayito de luz"* indicándote que hay un camino iluminado para ti; vienen otras cosas que tu deseas; espera las buenas nuevas. No es fácil, te lo hemos dicho, pero es gratificante saber que obramos; no desistimos, no, no; tomamos bríos y una pausa, y seguimos. ¡Eso es todo! Nunca estamos sentados, esperando que las cosas vengan; hay que buscar como tú lo haces diariamente; mientras pides paz y entendimiento para seguir rebuscando; sigue escribiendo, el próximo libro saldrá. *(Este libro)* ¿Cómo? Te guiaremos; esa es la llave; puesta en el camino simple, llano y amoroso.

31 de agosto, 2012.

Espíritu de Alberto:

Todo puede ser bello cuando lo miramos con lentes de optimismo y de amor. Cuando le das tu respeto e interés a las cosas difíciles, se facilitan; ocurre una transformación divina por el amor y el interés. Paz, siempre paz en todos los corazones: acercándonos a Dios con nuestros pensamientos y acciones: nada nos debe desviar. Vamos limpiando los escombros del camino, levantando las piedras, echándolas a un lado. Que todo sea claridad, amor y caridad en nuestro camino. Somos débiles pero nos fortalecemos cada día haciendo la caridad, con palabras, pensamientos o acciones. Sembramos semillas por el camino; a veces torcido con inhumanidad, pero por nuestra senda estrecha sembramos, depositamos gotitas de amor.

1 de septiembre, 2012.

Espíritu de Gabriel:

Paz, paz y paz; somos muchísimos; hay mucho que contar. Hay una lista larga en espera, y buscamos los medios para acelerarlo. Tú siempre pones de tu parte y te diremos como hacerlo mejor; hay una manera y buscamos la solución. Escucha Gilda; bienandanzas vienen para ti; firmes y seguras. Sí, sucede con la ayuda y el amor, la aprobación y mandato de Dios. Muchos somos que deseamos hablar; tenemos mensajes importantes para compartir con nuestros seres queridos.

3 de septiembre, 2012.

Espíritu desconocido:

Gloria a Dios en las Alturas y a los hombres de buena voluntad. Yo no sé lo que me pasa pero estoy inquieto; es algo que debo hacer. Paz y amor hermana…. tendremos tiempo.

Gilda:
¿Quién dijo esto?

Espíritu:
Yo que estoy aquí; decaído.

Gilda:
Lo comprendo, pero ¿Por qué? Dime…

Espíritu:
No es para consumo público.

Gilda:
Se puede mejorar tu situación con asistencia y tú lo sabes.

Espíritu:
Si lo sé; pero no quiero.

Gilda:
¿Por qué no?

Espíritu:
Ya lo sabrás.

Gilda:
Dime.

Espíritu:
Sans Susi

Gilda:
¿Qué es eso?

Espíritu:
Un lugar

Gilda:
¿Dónde?

Espíritu:
En Cuba

Gilda:
¿De ahí vienes?

Espíritu:
Si.

Gilda:
Cuéntame: ¿Que sucedió y cuándo?

Espíritu:
Hace poco; bueno para ti, hace mucho.

Gilda:
Cuéntame la historia.

Espíritu:
Es demasiada larga y triste; a nadie le interesa.

Gilda:
Al contrario; a muchos les puede interesar; prestan atención y quieren ayudarte. Te sorprenderán las reacciones.

Espíritu:
¿Tú crees?

Gilda:
Lo sé bien; Dios nos ama, nos escucha y nos ayuda siempre, siempre. Eso me dicen.

Espíritu:
¿Quiénes?

Gilda:
Unos cuantos aquí; escúchalos. ¿Estás ahí?

Espíritu:
Si, sigo aquí.

Gilda:
Calma hermano, toma esa mano que te extienden. Ten fe y caridad contigo mismo. Ve hacia la luz, hasta siempre.

4 de septiembre, 2012.

Espíritu de Alberto;

Mi amada Malena, estoy cerquita como siempre; inspirándote, animándote y esperando nuestro gran día. Fíjate Gilda, todo pasa rapidito, como te dije; las horas para ustedes se esfuman. Cada uno con sus deberes se olvidan y siguen, eso es todo; no le des tanta importancia al mañana; hoy siempre hoy. Sigue tú cumpliendo y laborando; eso te llevará muy lejos. Dale que dale; va el buey llevando su carga en su lomo; sueña con la grata comida que le espera; que su amo le proporciona. Concéntrate, sigue con tu carga pesada y llegarás.

5 de septiembre, 2012.

Espíritu desconocido:

¡Jesús, José y María! No te debo hablar porque me tienes esperando hace mucho, mucho rato; pero me siento bien haciéndolo. Nosotras somos amigas desde hace rato; nos conocimos en un barco hacia las Américas y nos hicimos amigas, buenas amigas. Yo viajaba con mi familia, tú ibas sola. Todos comentábamos que eras muy valiente; muy arriesgada. Eras atractiva pero no bella, eras más bien simpática y curiosa. Estabas buscando un futuro mejor, no buscabas novio; lo habías dejado atrás. ¡Cómo se van los años y los siglos! Vuelan como el pensamiento. Yo me llamo Rosa; Rosita me decían, con cariño. Yo era inquieta y preguntona como tú; nos reímos y seguíamos preguntando para aprender. A ti te esperaba una familia en América; no sé quién. Llegué enferma con mis parientes, pero me recuperé pronto.

Pude trabajar como costurera en un teatro; con los vestuarios. No nos vimos más pero te recuerdo con afecto; hasta siempre.

Espíritu de Gabriel:

En nombre de Dios Todopoderoso; hay muchísimo que decir, pero con calma se hará. Sin confusiones, ni enredos; sencillo y claro, así se hará. La vida no debe ser tan agitada, ni convulsionada diría yo. Paz y amor hermana. Tú no eres la única que sufre' hay muchos como tú que padecen; *"Caregivers."* La paciencia los salva, así como a ti; es la esperanza que los impulsa a seguir día a día, con la misma tarea y la misma rutina. Preguntándose: ¿Qué sigue? ¿Quién sabe? Dios lo sabe. Intenta relajarte; tu mente y emociones están agotadas; falta de recreo como dicen; con el tiempo llegará el reposo. Déjame decirte que estás aún joven de corazón. Muchas piezas deben ser colocados en sus lugares; lo harás lentamente, muy lentamente, pero con firmeza; por lo tanto debe haber un bonito final.

6 de septiembre, 2012.

Espíritu desconocido:

Bien; ¿Terminaste? Comprobando y verificando de nuevo; quien sabe qué. *(Yo revisaba manuscritos.)* Yo era mayor cuando me fui; morí en una granja, haciendo las tareas domésticas; fui esposa de un agricultor. Éramos una familia cristiana buena y decente; íbamos a la iglesia todos los domingos. No recuerdo lo que sucedió ese día que desencarné. Fue mi corazón; nunca iba al doctor, no tenía el dinero; pero no fue nada malo; caí justo en medio del campo en un día lindo de un sol brillante; y nunca desperté.

Bastante fácil, ¿No crees? Pero entonces al despertar vi una niebla y muchas caras sonrientes; era un vapor, sobre todo color rosa, muy lindo; el color rosado era mi favorito. Oía himnos, como los que escuchábamos en la iglesia y yo tarareaba con ellos; como solía hacer en la iglesia. Sabes, yo no podía llevar una melodía,

Mi nombre es Doris, sí, es un nombre extraño, pero se me fue dado por mi abuela; éramos de ascendencia escocesa. Yo era de piel clarita; alta, desgarbada y no demasiado atractivo; pero tenía una bonita sonrisa y era bien educado. Bueno, ya seguiremos mi historia. Es importante; no te me rajes. Amor y bendiciones para todos; en nombre de Dios Todopoderoso.

7 de septiembre, 2012.

Espíritu de Helena:

Paz y amor hermana querida; aunque no me oigas; estoy siempre muy cerca con mis amados Monserrate Alberto y demás miembros de nuestra familia en espíritu; caminamos juntos, apoyándonos siempre; es nuestra alegría, y será la tuyo en el futuro.

Espíritu de Doris;

Déjame seguir contándote Gilda la historia de ni vida; soy Doris. No es dramática, ni apasionada, sino de ignorancia; hay muchos como yo; funcionan día a día como muñecos; son robots de la vida. No es maldad, es indiferencia; se puede decir que así es la persona promedio. Es algo como unos parientes tuyos; no son malos, pero su comodidad es de mayor importancia siempre.

La rutina le es suficiente; sin tener que hacer esfuerzos ni para pensar. Solo desean el placer aunque sea tan efímero; no importa cómo, ni cuándo. Sí, yo tenía gran amor a Dios; cumplía con mi familia y con mi iglesia. Éramos agricultores como te había dicho; teníamos una finca y comodidad. Mi esposo era un poco perezoso pero hacia sus tareas; igual mis hijos; ellos un poco desbandados pero se amaban y me respetaban a mí. El respeto es de suma importancia en ambos mundo; yo vine a confirmarlo; mi mensaje es corto, simple como yo y sincero, también como yo. Que no se engañen con obras benéficas, oraciones y paseos los domingos a la iglesia, sino está todo eso en el corazón de cada uno.

A mí me atrajo lo que tú leías en tu evangelio sobre la oración, Tiene que salir del alma, del corazón y no de boca para afuera. Cuando llegas a este mundo del espíritu revelas tu alma; no hay tapaderas, ni disfraces; todo es como es y así eres aceptado y colocado; cada uno es su lugar. Sigan hermanos, orando sí, claro que la intención lo es todo. ¿Qué pides y porque? Que sea benévola y no egoísta tu petición. Pronto haremos un poco más. Gracias, hermana, gracias hermanos, gracias Dios.

8 de septiembre, 2012.

Espíritu desconocido:

Todos tenemos nuestros aprietos, nuestros momentos de pena y agonía; es parte de la evolución y las pruebas. Recuerden que llegaron a ese mundo para aprender, enmendar y perfeccionar; desde luego disfrutando de las bienandanzas disponibles en ese plano, pero sabiendo que son pasajeras.

La cuestión está en reconocer los momentos de pena, abrocharnos el cinturón y seguir en control del timón, encarrilados hacia nuestras metas. Sí, es más fácil decirlo que hacerlo, pero lo comprendemos y lo haremos cuando sea necesario. ¡Me gusta mucho este ejerció!

Espíritu de Gabriel:

En nombre de Dios Todopoderosa; los hermanos nos visitan inesperadamente; que bueno que podemos tener la puerta abierta para los buenos viajeros que traen sus canastas llenas de amor y buenos consejos. Bienvenido hermano. Gilda, sigue con Doris.

Espíritu de Doris:

Si, si pero yo tengo gran paciencia; esa era mi mayor virtud; muchos venían a mí para que yo los aconsejara; yo lo pensaba mucho y luego hablaba; tomaba grandes pausas; es mi consejo para hoy.

9 de septiembre, 2012.

Espíritu de Helena;

Buenos días querida hermanita, vengo a decirte: que mucho has crecida. Así te dije en el pasado y te lo repito; orgullosos estamos de ti, todos. Llegará el día que te lo mostraremos tú a tú; juntos en la Gloria de Dios. Nada, nada, te hará falta Gilda, todo lo tendrás. Aprovecha este día lindo, prepara tu alma, para más hazañas; ahí estará tu festín preparado. Escucha esto hermanita; el cansancio pasará, tu persona brillará con la alegría del buen soldado honrado con una medalla de Dios; en este caso por tu valor, propósito, persistencia y piedad.

10 de septiembre, 2012.

(Mientras le leía esta historia a mi hermano Nel; (También médium) recibió el nombre de este espíritu en esa vida pasada: "Marco, se llamó así; en esa vida, ahora me lo dijo y fue en Marruecos, África.)

Espíritu de Marco:

Yo quiero comenzar esta sesión, porque tengo tantísimo que decir. Mi nombre no importa, porque he tenido tantos nombres y nombretes, pero lo que llevo en el alma, eso sí que cuenta. He sufrido muchísimo, largo y tendido, como dicen; aunque ya no sufro, gracias a Dios. Me siento más liviano y tranquilo, pero con deseos de hablar, de comentar, de contarle al mundo mi historia, porque es una linda historia. Tiene algunos pasajes tristes, pero eso les sucede a todos en algún momento.

Yo no me acuerdo cuando comencé mi recorrido por este planeta Tierra; sé qué hace siglos; si, cientos de años atrás, en lejanas tierras de polvo y selva; en unas circunstancias primitivas se puede decir. La fuerza imperaba; se oprimían los seres humanos, unos a otros por sus necesidades; bestial, diría yo. Ahí se comienza; y lentamente sacando fuerzas propias y con deseos de progresar se da un paso adelante; casi siempre llevado de la mano por otro ser que ya ha avanzado. Nos tambaleábamos mientras caminábamos en la densidad; en una neblina física y del espíritu, pero un rayo de luz, aunque pequeña se divisaba. Sabemos que hay algo más allá y seguimos buscando esa luz que promete tanto; esa es la fe en su nacimiento. Es un cuadro muy interesante, porque apenas gateamos y nos arrastramos, pero como infantes, intentamos levantarnos para caminar por si solos. Tropezando y cayendo, pero motivados por la esperanza innata, colocada ahí por ese Padre Creador. Todo ese proceso es muy lento y penoso por momentos, pero es un crecimiento sea como sea. El camino se vislumbra y llegamos a otra vivencia. Otras circunstancias, con otra ropa y mentalidad; somos otro pero somos el mismo; es difícil de explicar. Entonces ahí es que notamos algunos seres familiares que igualmente más o menos, iniciaron su viaje con nosotros; somos del mismo vecindario, se puede decir. Sin mezclarnos nos reconocemos y eso nos alegra. Continuamos haciendo todo lo posible, aunque sea poco; por existir en ese nuevo ambiente, que es menos malo que el anterior, pero sigue siendo tormentoso y difícil. Estamos subiendo un escalón, tomando pausas para recobrar aliento y fuerzas, pero los pasos dados son pesados. Aprendemos un poco, si, se aprende de los demás que cohabitan allí en ese lugar extraño para nosotros; sin saber que lapso de progreso o de tiempo en la tierra, ha transcurrido. Hay un poco de desorientación, pero conservando el deseo ardiente de adelantar un poco, con más firmeza y claridad en los propósitos.

Hay apagones; cesa la vida física en esas pausas y flotamos en el Universo entretenidos con su belleza. Encontramos allí caras conocidas, instándonos, animándonos y alegrándonos en esa etapa. Pronto nos rodea la luz de nuevo, transportándonos a otro lugar nuevo terrenal. Allí nos encontramos con desconocidos pero, con uno que otro, conocido del pasado; los intuimos, sin saberlo. Comprendemos que hay una razón para todo esto; es un efecto con una causa; un porqué de nuestra nueva casa; gracias Padre.

12 de septiembre, 2012.

Espíritu de Helena: *(En el lago.)*

Hermana Gilda, otro día más de espera, pero te ha hecho tanto bien la tranquilidad de este lugar. Tu alma se regocija con la naturaleza; su belleza te anima y reanima. Serenamente sigue tu obra; lo que te salió en el Evangelio; es muy cierto, se necesita valor para enfrentarse al mundo y su incredulidad. Se necesita gran fe para plantear una bandera blanca que dice vida eterna, amor eterno, Dios eterno. Ya vendrá lo más importante; historia de una familia de espíritus. *"Éctasis Espiritual."*

13 de septiembre, 2012.

Espíritu desconocido:

¡Oh mi bienaventuranza; aquí estoy de nuevo! Gracias al Creador que podemos comunicarnos; es verdaderamente una bendición. Vamos a ver; mi mensaje es bastante simple, soy un alma simple, pero con mucho amor para compartir. Me han dado un *"respiro"* por mi amor y dedicación. Estamos todos en la misma página; como se dice. Caray, vamos a ver; interrupciones las odio, porque pierdo el hilo del pensamiento. La vida aquí es tan especial; sí, eso es lo que quiero decir. Mi vida aquí es muy bonita; porque así lo deseo; nosotros las hacemos como queremos; eso funciona; utilizando todos nuestros recursos; imaginativos, mentales y emocionales con nuestras experiencias; creando nuestro nuevo hogar; pintado con nuestros pensamientos y deseos. Se puede hacer con unos cuantos trabajando juntos, como una comuna; cada uno haciendo su parte;

creando detalles para esa casa. Es como una casa física; con la pintura y decoración que cada miembro añade, con detalles para alegrarla; haciéndola bonita, como dije; pero nosotros también debemos limpiar la casa; como en la tierra. Debemos mantener nuestro hogar limpio y ordenado; eso todo con nuestros pensamientos. Debe haber paz y armonía entre todos, con el fin de mantener una estructura sólida. Quiero que sepas que le damos la bienvenida a las visitas convidadas por los miembros de la familia. En nuestro mundo hay empresas espiritas similares a las terrestres. Los seres cantan, trabajan, estudian y oran; hay gozo, paz, fortaleza, entusiasmo y persistencia. Todos están encantados con lo que ven; pero en ciertos casos puede ser todo lo contrario. Dios te amamos; es tan importante amar a Dios, amarte a ti mismo; amar a todos; eso hace toda la diferencia. Los colores son más brillantes, el día es más bonito, los alrededores lucen mejores; la imagen cambia con el amor. Todo es difícil cuando el odio nos rodea; el odio es atroz, es como la plaga negra. El antídoto es el amor y la paz mezclada con un toque de alegría. Bebe hermanita, saboréalo; la fiesta apenas está comenzando.

15 de septiembre, 2012.

(Publicados mis libros Alas Místicas/Mystical Wings.)

Espíritu de Gabriel: *(En el lago)*

Estamos contentos, muy contentos; jubilosos con los acontecimientos. Sabemos que vienen cosas buenas; regalos del Diosito lindo de Monserrate. Tu madrecita está feliz porque sabe que vas en pos de algo mayor; más grande e importante; es la dicha de nuestros hermanos de la Tierra.

Si, si, es un día lindo; te acaricia la brisa, el sol y la claridad. Mantén tu armonía para pensar y meditar, apreciando todas las bendiciones de Dios. Qué bello es tener fe, obrar y poder sentir satisfacción personal; poder ver las recompensas de Dios con tus hijos; estás viendo los cambios y resultados positivos; gracias Padre por los muchos regalos.

19 de septiembre, 2012.

Espíritu de Gabriel: *(En el lago.)*

En nombre de Dios Todopoderoso; no todos podemos ser ejemplares porque tenemos tantas faltas, pero si hacemos un esfuerzo, las faltas se pueden aminorar, disminuir y hasta corregir. Eso es muy posible y depende de cada uno; de lo que aspiramos y de lo que contengan nuestras almas ya cansadas de sufrir y de tanto errar. Siempre, siempre hay esperanza; la posibilidad está siempre ahí; se presenta y se vuelve a presentar; o sea que hay muchas oportunidades para redimirse, solo hace falta voluntad. La niña Gilda; es ya una mujer hecha y derecha, sin más tropiezos, tonterías y pataletas; no, nada de eso. Dejemos a un lado, las discordias y los caprichos.

Solo busquemos la paz en el alma; la contemplación de lo valeroso ante Dios. Sigue tu marcha redentora hermana, ya sabrás cuando tomar vuelo. Un día más de lucha, de crecimiento; así es la encarnación; sirve de mucho, aunque no lo parezca. Notamos cambios leves, sutiles, que nos indican crecimiento y eso nos llena de alegría porque sabemos que no hemos perdido nuestro tiempo, que aprovechamos cada instante para enmendar, logrando ese adelanto tan deseado.

¿Quién no ha pecado, según el mundo? ¿Quién no hecho desarreglos o necedades en la juventud? Pero se aprende, se aprende. Es muy triste cometer los mismos errores, haciendo las mismas tonterías de la infancia; echándole la culpa a los demás y a las circunstancias. Hay que olvidar ese pasado, sea cual sea, ya pasó; hoy es el resultado del ayer; hoy somos otros por el ayer que dejamos atrás. Dichosos somos, que podemos volver la mirada hacia atrás y ver las pisadas mal encaminadas, sabiendo que ahora nuestros pies están firmes sobre una base sólida. Si has llegado a eso, regocíjate. Celebra tu día, celebra tu nacimiento. Feliz Cumpleaños Gilda, de parte de todos nosotros.

Espíritu desconocido:

Dios te salve Virgen Madre; yo soy muy católico, muy creyente, amo a Dios sobre todas las cosas. Te amo a ti, hermana; quiero ayudarte. Mucho has hecho con tus conocimientos limitados. No hay porque temerle a nada, ni a nadie. Todo es pasajero, hasta la fuerza y la temeridad; como la brisa agitada a veces, todo pasa. Buscamos la calma y paz en el alma. ¡He dicho!

7 de octubre, 2012.

(Observaba un patito recién nacido, solito nadando de un lado del lago al otro, Prensaba: ¿Que buscará ese patito tan pequeño, dejando a atrás a su madre y sus hermanitos?)

Espíritu desconocido: *(En el lago.)*

Toda criatura tiene inteligencia, aunque diminuta; es todo una escala. Cada cual busca su bienestar, su mejoramiento, calmando una inquietud.

Es la ley de la naturaleza. Unos más aprisa que otros, algunos amigables, otros indiferentes, pero todos son uno, con la misma materia prima, con una chispa divina que es el Creador en su interior; encendido para iluminarlos por momentos. Arden según su evolución; calentándose unos a otros; compartiendo. Es una fraternidad de seres unidos por un amor, aunque desconocido por muchos. Ese amor puede ser muy reducido, ínfimo; una chispita nada más, desconocido por el portador, pero ahí está; Dios se los regaló al crearlos. Aunque ese ser no lo reconozca ni lo quiere, está ahí esperando crecer y brillar. Tarde o temprano, aumentará esa luminosidad, guiándolos hacia su herencia Universal.

Espíritu de Gabriel:

En nombre de Dios Todopoderoso; si, hay mucha calma y paz aquí; y en ti hermana. Mantén tu postura espiritual; *"Como sea."* Siempre hay algunos huecos en el camino, pero hemos aprendido a maniobrar alrededor de ellos, por lo tanto no interrumpir nuestro viaje. Hay gratitud en ti hermana, igualmente en nosotros. Te digo que nuestras experiencias contigo son sumamente refrescantes.

24 de octubre, 2012.

Espíritu desconocido:

Paz y amor querida Gilda; esperando estaba por ti; a veces eres lenta; son los años, si cuentan; pero tu espíritu rebosante, está lleno de salud y juventud. Escucha; yo vengo de muy lejos, buscando almas, aliviándolas cuando piden ayuda. Soy un guardián satisfecho y contento: soy tu **Ángel Guardián.** He sufrido mucho contigo por tus desafíos y desarreglos;

pero te has enderezado, aunque falta mucho todavía. No dudes, cree lo que te digo; todo es posible con el permiso de Dios, te repetimos. Jesús te ama y a tus hijos; la Virgen te ama y a tus hijos y hermano, a todos. Como dice tu guía Gabriel; todo se hace en nombre de Dios.

31 de octubre, 2012.

Espíritu de Gabriel;

En nombre de Dios Todopoderoso, sabes bien Gilda querida que todo tiene una causa; pero siempre hay que ver la raíz, no importa cuántos años o siglos hayan transcurrido. No de hoy, ni de mañana, es de siempre; así es nuestro amor y devoción, y eso nos motiva; haciéndonos muy felices.

Déjame contarte una historia muy bella y antiquísima; es de una mujer muy trabajadora que vivía en el lejano Oriente, hace muchos siglos. Ella era bella, pero muy temeraria y altanera, engreída y abusadora; todas esas faltas tenia, pero en su yo, sentía bondad y un deseo de compartir y lo hacía con un círculo reducido de seguidores y de familiares que tenían su simpatía. Esta historia tiene mucho simbolismo y responde algunas preguntas que tú desconoces; igual que los otros personajes involucrados; es una lista larga de personajes y un remolino de pasiones.

Cuando esa mujer de mediana edad dio el cambio; al despertar en el mundo de los espíritus, se encontró, devastada, triste y temerosa; no sabía qué esperar, o a quién acudir. Su débil voz, no atrajo ayuda ninguna; de pronto vio a un grupo acercándose; murmurando. Ella se preguntaba: ¿Qué buscaban y decían? Se sentía viva pues todavía no reconocía su estado desencarnado, porque era muy materialista. Los seres se acercaron y en unísono le hablaban como si fuera un eco que vibraba, retumbaba el sonido en sus oídos. *"Levántate y anda; así decía el Maestro Jesús; hazlo tú."* Ella se incorporó lentamente y prestó atención a lo que decían esos seres rodeados de luces intermitentes. *"Hermana tienes que volver muchas veces a la tierra a pagar tu deuda de desamor. El Padre te dio abundancia; una vida cómoda y posibilidades para hacer cuantiosa caridad pero la desperdiciaste; y por desgracia aún no reconoces tus errores de juicio. Las tristezas del futuro te harán reflexionar y llegarás a conclusiones sobre tus metas en el mundo terrestre. Lágrimas ni lamentos te valen, solo el trabajo fuerte, arduo y constante, ayudarán tu causa. No eres mala, pero te has entregado a las pasiones que te han hundido. Levántate de tu miseria humana, y anda hacia tus nuevas obligaciones. Nuevas metas y propósitos tendrás de asistencia para el mundo. Con el correr de los siglos, lograrás tus metas y más tarde festejarás este encuentro con tus hermanos que te aman. Ve en paz y cumple."*

2 de noviembre, 2012.

Espíritu de Gabriel:

En nombre de Dios Todopoderoso; sin Dios nada; continuamos el triste relato de esta criatura en pena. Maldad no quiere decir desamor; maldad es hacer daño a otros; pero este no es el caso. Desamor es el egoísmo, la indiferencia, el apego a las pasiones físicas, a los placeres de la carne sin importarles las consecuencias. Extremos en los apetitos sensuales; es el deseo de tener comodidad a base de los sacrificios de los otros; todo eso es desamor.

No ver el dolor ajeno y no importarle, no es maldad es desamor; es falta de compasión. Debemos tener muy claras cuáles son nuestras metas y nuestros deberes con nosotros mismos y con otros; aquí y allá. Unidos estamos, somos uno; hacemos a uno y se lo hacemos a todos.

"El Mar Muerto", ese es el lugar donde ocurrieron los hechos de esta triste y significativa historia. *"Mar Muerto"* yo diría que habitantes muertos; golpeados entre sí en una estampida de placer sensual; sin respiro de caprichos terrenales y tormentos; todo eso despierta trastornos.

Espíritu desconocido:

Permítanme continuar; yo fui parte de ese aluvión de cuerpos sin alma, peleándose por placeres y satisfacciones, hasta ahora desconocidos para el ser humano. Fueron pecados capitales que trajo miseria a la tierra; no estoy exagerando ni loco; quiero limpiar mi pizarra y comenzar de nuevo. Eso es lo que siempre sentí muy profundo en mi corazón, porque yo no creía que tenía alma. Me sentía un cuerpo; no creía que teníamos nada más; qué trágico, que triste. Los movimientos mecánicos del cuerpo nos guiaban, como robots; sintiéndonos sin vida. Hasta que en un momento impresionante de revitalización del espíritu diría yo: ocurrió una sacudida desde el cielo, un temblor de la tierra, una agitación de los mares. Desesperadamente corrimos, para salvarnos de un tremendo terremoto y del tsunami. Corrimos rapidito a las cuevas en las montañas; estábamos apiñados en la oscuridad; temblando de miedo e incertidumbre, con dificultad para respirar en las cavernas calientes llenas de humedad.

Perdí el conocimiento y me veía flotando arribe hasta la parte superior de la cueva y a través de las rocas; entonces de repente me sentí acunado por brazos desconocidos, invisibles, que me mecían con una sensación suave y segura que me rodeaban. Fue una emoción maravillosa. ¡Amor por fin! Desconocido por mí. ¡Amor! Gratitud germinó en mí por primera vez en mi vida. Desconocíamos que una devastación estaba ocurriendo, quedaron pocos; yo era uno de ellos. Seguiremos, con el permiso y la ayuda de Dios.

5 de noviembre, 2012.

Espíritu desconocido:

Paz y amor, luz y progreso, Gilda: sigamos con nuestro relato. La noche era muy larga, así le parecía a ella, mientras esperaba las noticias de su futuro. La espera desespera y así se sentía, atrapada en su noche larga, pero el sol siempre sale; no importa la duración de la noche. Así nos sucede a todos; el amanecer trae la esperanza y la agilidad mental para tomar decisiones y las riendas en el asunto. No podemos achicarnos, sino crecer en entendimiento y en fe, que nos permite tomar las determinaciones necesarias. Cuando hay esperanza, la luz siempre brilla en la oscuridad. La fe trae esperanza, y permite que la luz abra los caminos del amor y comprensión.

Volvamos a la mujer que deliraba con su tragedia, por su inconformidad y dejadez. Ya te hemos repetido que la única solución es cumplir con lo que se promete.

Otro espíritu desconocido;

Déjame decirte mi versión de la historia, hermana; yo estaba cerca, muy cerca, de esa mujer rebelde, sin ser mala. Yo presencié los hechos; turbulentos fueron, pero se dieron pasos largos, fuertes y firmes. No todo es negativo en esta historia, hay bondades y glorias extensas y hay muchos personajes interesantes. Uno es tu actual padre que era asiático; un dictador de mentalidad; en conducta y en proceso. Siempre se impuso y aún no ha perdido la costumbre, después de tantos siglos y sufrimientos. Su evolución ha sido muy lenta, sin embargo Dios le ha concedido muchas bendiciones. Es pereza y lentitud, en vez de maldad; no le gusta incomodarse; su bienestar siempre lo pone por delante; primero el, siempre él y punto; es su lema. Por desgracia, lo tuviste de familia; fue tu padre; tu rebelión nace desde entonces en esa lejana tierra asiática, porque él fue despótico y abusador. Seguiremos, siempre en nombre de Dios. Gilda; calmada sigue tu camino, a paso lento pero seguro y firme; con estabilidad espiritual. La inspiración sigue; harás el próximo libro *(Este libro)* en nombre de Dios.

11 de noviembre, 2012.

Espíritu de Alberto:

Paz, paz y amor siempre, por los siglos de los siglos; unidos por un amor inquebrantable; dichosos nosotros que sentimos esa emoción tan pura y sólida, bendita por Dios. Nada, nada nos turba; nada nos hace flaquear, al contrario, mientras más presión, más fuertes somos. Tranquilidad absoluta es esencial para tu trabajo; búscala y no la pierdas.

16 de noviembre, 2012.

Espíritu de Gabriel:

En nombre de Dios Todopoderoso; la paz de Dios sea contigo, hermana querida. Nada, nada temas, al contrario, confiada y serena en tu marcha redentora. Disciplínate más Gilda; nada de tristeza, nada de llanto; alegría en tu alma de niña consentida. Verás que lindos resultados tendrás. Los libros tendrán alitas; vuelan por si solos. Confía en ese Padre que es tu mejor promotor. No sabemos nada; somos tan pequeñitos, y nos creemos grandes y poderosos, pero somos microscópicos. Dios nos pone en nuestro lugar cada vez; y es necesario para que así aprendamos del poder de ese Padre y la naturaleza. *(Una tormenta azotó NYC.)* Dios es Inmenso, Sabio, Justo y Generoso. Debemos obedecerle, no por miedo; sino por amor y respeto; sabiendo que Él nos ama y desea lo mejor para nosotros. El Creador nos asiste con nuestros quebrantos y en nuestras penas; demos gracias, ahora y siempre.

21 de noviembre, 2012.

Espíritu desconocido:

¡Veremos! ¡Qué será, será! Se dice a menudo; pero no es necesariamente así. Existen medios para rectificar, para corregir y para reparar situaciones que pueden llevar a otras conclusiones, poniendo fin a las condiciones que pueden parecer inevitables. Cuidado con el paso a dar, eso es cierto, pero también ver el ritmo del paso. Tomar una pausa y luego dar un paso; así evitamos un accidente. Nos apresuramos; rapidito, se dice. ¿Por qué? Hay que tomar las pausas necesarias para reflexionar.

A menudo nos inspiran e iluminan; somos guiados y salvados por ángeles de la guarda o mensajeros de Dios. Oh sí, sí, ocurre más a menudo de lo que piensas. Vamos con algunos consejos básicos: detente y cálmate, pide ayuda en forma de inspiración o de cualquier otra forma, espera con paciencia, porque siempre llega la ayuda. Entiende, reflexiona y determina cual es la mejor acción a tomar; hazlo y da gracias a Dios y a sus asistentes.

La felicidad de ese planeta Tierra es efímera; no existe totalmente. Nuestras buenas obras son la base; que puede ser solida o puede tambalearse; todo depende de nosotros. Hagamos de nuestras vidas un templo a Dios; lleno de flores bellas, que son nuestros pensamientos puros y amorosos.

22 de noviembre, 2012.

(Día de Acción de Gracias.)

Espíritu de Gabriel:

En nombre de Dios Todopoderoso; Gilda, amor para ti de parte de todos nosotros. Gracias por las flores; símbolo de tu amor. Hay luz siempre encendida en tu alma; brillando intensamente, guiando tus pasos con paz. Sí, ¡Feliz Día de Acción de Gracias! ¡Alabado sea Dios que nos permite comunicarnos! El amor nos impulsa hacia cosas bellas, como agua cristalina bendita por Él. Que la paz de Dios reine aquí, ahora y siempre. Monserrate, Helena y Alberto están aquí; todos abrazándote. *(Automáticamente mis manos se alzaron dando palmaditas hasta llegar a aplaudir; era como que los seres me aplaudían.)*

8 de diciembre, 2012.

Espíritu de Gabriel:

La casa está llena de alegría y esperanza. Todo es armonía y equilibrio en el Universo y así debe ser aquí. Busca la luz de la razón hermana; aquietándote la encontrarás. La brisa te levantará en la inquietud de hacer. Los ciclos van y vienen; como nuestras vidas espirituales que transcurren rápidamente, aunque en el tiempo humano parecen gatear. Intuimos los cambios; déjate llevar por tu intuición. No hay porque agitarse; solo hay que buscar la luz de Dios, que es la que alumbra mejor.

17 de diciembre, 2012.

Espíritu de Gabriel: *(Lago.)*

En nombre de Dios Todopoderoso; no hay nada mejor que la tranquilidad; el ambiente influye tanto y tanto en nuestro ánimo. La naturaleza es nuestro mejor escape de la angustia o la pena; no es el alcohol. Ni las drogas, ni las demás pasiones. La serenidad y la placidez de los sonidos del panorama natural; las flores, aves, lagos y manantiales; todo eso es Dios; todo es su belleza, su armonía y su amor, presentes, arrullándonos, calmándonos y amándonos. Dichosos los que viven cerca o rodeados de la naturaleza, con menos cemento y más cimientos.

19 de diciembre, 2012.

Espíritu de Helena:

Hermanita querida, no somos dechados de virtudes; ninguno, pero aspiramos algo mejor; sea espiritual, mental o material; proponiéndonos en adelantar moralmente sobre todas las cosas. Nuestros actos, acciones, palabras y sentimientos nos identifican; son nuestra tarjeta de presentación al mundo. Los demás nos juzgan y califican por esos elementos y por las apariencias. Cada uno lee a los otros; es un sondeo constante entre todos. Si acaso las derivaciones o conclusiones obtenidas por las otras personas sobre nosotros, son gratas o positivas, nos favorecen. Los seres humanos responden; se apoyan y ayudan por las impresiones recibidas en ese sondeo invisible y espontaneo, pero percibido por todos. Vamos por la vida mostrando nuestra alma o espíritu; que se expande y retracta de acuerdo con los pensamientos, intenciones y sentimientos. Es un retrato del alma; que el mundo puede contemplar.

2 de enero, 2013.

Espíritu de Gabriel:

Conserva la paz; es tu farol. Con paz puedes pensar mejor, ver mejor y obrar mejor. Esa antorcha de amor que es Dios, vive en cada uno y por mucho que los vientos azoten; no se apaga jamás. Solo hay que buscar quedamente en el interior, escuchando la voz interna; tu pequeña voz, avisándote, guiándote, alentándote. Estate atenta; escúchala quedamente y puedes seguir sus indicaciones sabias, conduciéndote hacia un portal; abriéndote una gran ventana al mundo.

Espíritu de Gabriel:

Tu carrera artística llegó a una encrucijada, y por inspiración espiritual, asistencia divina y con apoyo maternal, por fin encontraste la vía de la luz. Entraste en el camino honorable del servicio a la humanidad. Pocos tienen la gran oportunidad y responsabilidad de ejecutar semejante tarea. Al llegar a un punto de emancipación, el espíritu sigue buscando en como compartir conocimientos que encienden e iluminan cerebros dormidos y agotados, por el vivir errado. La tarea es enorme y pesada, pero necesaria y posible. Solo se necesita fortaleza espiritual y determinación humana. Con compasión hay que despertarlos, sacudir sus mentes, salpicar sus almas atolondradas, para que aprovechen su estadía en este mundo inhóspito.

4 de enero, 2013.

Espíritu desconocido:

Debemos, tenemos que definirnos en la vida. ¿Ser o no ser? Es la pregunta universal tan repetida. ¿Se cree o no se cree? Peto no una creencia débil, o semi-incrédula; no, no, creer con firmeza y júbilo. ¿Creer en qué? Esa es la gran pregunta. Lo primero y lo más importante es creer en Dios: Inteligencia Creadora Suprema, Sabia y Bondadosa. Debemos amar y respetar a Dios; que es la Fuerza Vital Universal que nos impulsa. Preguntas: ¿Por qué? Te respondo: porque es la explicación a todas tus dudas. La respuesta a la incesante pregunta: ¿A que vine? ¿Porque estoy aquí? ¿Qué busco? Hay una causa; un propósito en todo esto, en tu vida.

Las religiones, doctrinas y filosofías establecidas por los humanos te dejan temeroso, vacío. Sus letanías y rezos se las lleva el viento; repetidas sin sentido, ni pasión. Sus rituales y reglas te mortifican y te mistifican. La mejor y verdadera religión está en ti, en tu alma; en tu espíritu y su conexión con el Creador; juntos obrando por el bien universal. Cada ser humano está unido, ligado; amados todos por ese Supremo Creador; búscalo, está ahí en ti.

5 de enero, 2013.

Espíritu de Gabriel:

¡Dios los es todo! ¡Es el Creador! Somos sus criaturas; es tan sencillo como eso. Todos estamos aprendiendo poco a poco; algunos con más velocidad, otros más lentos o perezosos; pero aquí estamos juntos; cada uno buscando adelantar, de crecer en espíritu. Algunos conscientes de esta verdad; otros entretenidos, distraídos con el vaivén de la vida. Nosotros espíritus mensajeros, estamos endeudados con ese Padre Omnipotente, porque en algún momento fuimos tontos o perezosos y fallamos muchas veces, pero alentados por nuestros hermanos en espíritu, recobramos consciencia; levantándonos del polvo humano, para ayudar a la humanidad doliente. Todo es posible cuando hay voluntad; *"Querer es poder"* repiten los espíritus asesores. Puedes lograrlo, si realmente lo deseas; todavía estás a tiempo.

6 de enero, 2013.

Espíritu de Gabriel:

Rasgos de bondad hay en ti; ilusiones y sueños muchos; siempre los has tenido, pero también inconsistencias con timidez que te han estorbado. Todo eso es parte del crecimiento y a eso vinimos; no a perder el tiempo, no; ni solo a pasarlo bien; aunque Dios si desea nuestra felicidad, pero bien merecida. Hay que luchar y sufrir para superar; venciendo los impedimentos. No existe un camino derechito y fácil en ese mundo. Saludos, hermana Gilda. No te dejes abatir por el diario, a veces aburrido vivir. Son pasos sólidos y firmes los que das, día a día; en algunos momentos arrastrándote y acongojada. Llevas la tristeza del cautivo que quiere el perdón y su liberación; en tu alma. La rutina cansa el alma y el cuerpo; lo sabemos; pero el espíritu laborioso y creyente no sucumbe; se fortalece.

7 de enero, 2013.

Espíritu de Gabriel:

No sabemos nada hermanita; todos aprendiendo estamos, gateando con nuestro aprendizaje y así seguimos; pero algún día llegaremos a nuestra meta, sea cual sea y donde sea. Dejemos a un lado las penas, la discordia, los retos, si los retos; no estamos compitiendo; no, estamos unidos sosteniéndonos. Los fuertes ayudando a los débiles; apoyándonos en las flaquezas que todos tenemos. Que mejor que sentir el sostén y el afecto de un hermano; sabiendo que no nos derrumbamos porque nos sujetan mientras aprendes a caminar; así es, hermana, así es. Pido luz de las alturas para cada uno; encendiendo cerebros atropellados y mutilados por sinsabores. Iluminación de Dios que sana almas lastimadas por el desamor humano. ¡Gloria a Dios!

9 de enero, 2013.

Espíritu de Helena:

Paz y amor hermanita querida; siempre hay luces encendidas en la carretera del amor. En ese camino recto iluminado por el amor de Dios, nunca nos desviaremos, ni nos perdemos, tampoco sufrimos accidentes Hay cosas lindas para ti, hermanita; transmisiones incrementadas que vienen apoyándote; arrollando. Una lámpara en la noche, así es tu vida; buen ser. Estás despertando de tu letargo; con el sol apareciendo en la vereda; es un bonito cuadro. Espera acontecimientos que se están desarrollando; lo que hay en tu puerta, en la distancia no es agua mansa, sino oleajes de un mar bravío. Múltiples caminos se abren, engalanados con cristal turquesa; como cuarzos, que repudian lo negativo y atraen lo positivo. Energías magnéticas te animarán, a seguir y concluir tu meta. Ahí está puesto el banquete, sabroso y abundante; basta servirse; ya lo verás; resultados tendrás

17 de enero, 2013.

Espíritu de Helena:

Hermana querida, alegría sentimos al verte tan devota, tan resignada. Ha sido y aun es un camino tan lento, con pesares, dudas y preguntas sin respuestas. Todo eso te ha capacitado para tu labor actual: como receptora, redactora y comunicadora; esparciendo nuestras semillas amorosas.

La consistencia es importante en todo; disciplina y acción van tomadas de la mano; ahí está la fórmula ganadora. Muchas cosas se presentarán, todas juntas; es el banquete sabroso que te dijeron; con platos suculentos, que son tus buenísimas obras.

20 de enero, 2013.

Espíritu de Gabriel:

Todos podemos hacer mucho más; está en nuestro alcance. El problema está en la pereza y en la indiferencia y el descontento con la vida. Muchos pierden su tiempo lamentándose, quejándose y rebelándose contra sus circunstancias. Son conejos atrapados en su propio barro; es arena movediza que los chupa, cuando ellos quieren salirse del pozo. Por eso hay que romper los malos hábitos; los patrones de conducta nocivas desde la infancia; a veces copiando a sus progenitores. Son quejosos, infelices; retorciéndose, sin saber porque. Dejemos a un lado ese cuadro triste, y miremos la alegría de vivir, con una esperanza ferviente en el alma, con el corazón optimista y alegre. Que a pesar de que sufrimos, no lo vemos como un obstáculo para avanzar y salir del hoyo; sabiendo que por nuestro propio interés, precaución y con propósitos; podemos finalmente llegar a instalarnos en ese gran sitial; contentos, cómodos y felices.

24 de enero, 2013.

Espíritu de Alberto:

Entendemos que no solo de pan vive el hombre, se necesita espiritualidad y mucha, en ese mundo denso, pesado y hostil. Liviandad de alma ayuda al cuerpo. Cada cual puede lograr mucho; todo depende de la actitud de cada quien. ¿Cuáles son las metas en común; que nos une? ¿Cuáles son los propósitos de cada cual? Tantos ingredientes en la mezcla le dan una buena sazón; es como un potaje con unos cuantos cocineros.

Sabemos y no sabemos; estamos en tres y dos; así es la vida; pero aun desconociendo, es nuestro deber seguir luchando, aprendiendo y obrando. Es el eterno compromiso; sabiendo que Dios nos ama, y sabemos que somos espíritus en evolución y además sabemos que amamos y somos amados; son cosas buenas y positivas, y con eso nos basta.

28 de enero, 2013.

(Leyendo "Obras Póstumas" de Allan Kardec.)

Espíritu de Gabriel:

Paz y amor, Gilda; esos son interesantes pasajes que ilustran la importancia del pensamiento humano y la voluntad del espíritu. Somos capaces de mucho, pero un sinnúmero de seres se mutilan diariamente con sus pensamientos mezquinos, tontos y egoístas; se ahogan en una fuente de desamor. Gilda, puedes ver el mundo cual es, y que tú has vivido en carne propia; son muchos años de ignorancia, inquietud y desvelo; y ahora despiertas finalmente, deseando recobrar tiempo perdido; aunque sabes que has rescatado bastantes obras que tenías pendientes. Tiremos la desesperanza, la pereza, la indiferencia y todo lo nocivo; tiremos lo que envenena el espíritu; y que afecta el cuerpo; víctima de los apetitos dañinos del ser humano.

4 de febrero, 2013.

Espíritu de Gabriel:

Hay seres que vienen a este mundo terrestre con muchas inquietudes; son dichosos porque sueñan despiertos, pero también tropiezan, lastimándose en su agitado paso por obrar; así fuiste tu hermana. Ahora estás más calmado por fin y tomas las pausas necesarias; recapacitando y disfrutando momentos pequeños de quietud, con satisfacción por tu buen hacer. Nuevas tareas habrá y dichas sentirás; compromisos sagrados terminarás. Ha sido un rosario largo; al principio como una letanía, pero ahora recitado con alegría.

La música se está colando por tu ventana y armonías divinas escucharás. El final del camino se acerca, y feliz a la casa retornarás.

7 de febrero, 2013.

Espíritu de Gabriel:

En nombre de Dios Todopoderoso; hola Gilda, muchacha buena. Con los detalles de tus flores y el cuido de las plantitas, estás diciendo *"Amo la vida"* a pesar de los sufrimientos y desatinos. Cada ciclo tiene encanto, hay que rescatar ese encanto; presentarlo bien y disfrutarlo.

Gilda, es magnífico aprender y poder pasárselo a los demás que tienen gran necesidad; sin saber cómo y en dónde encontrar ayuda, orientación y capacitación. Marchemos todos por las cerros más encumbrados, con nuestras mochilas repletas, llenas, pesadas por las muchas lecciones que en cuadernos dorados llevamos a los que aspiran. Hay mucho que decir, muchísimo. Es un buen momento para esparcir el grano con el viento benévolo que viene de Dios. Esas semillas fecundas, crecerán a su tiempo, en el terreno fértil de la humanidad doliente; regenerando almas y cuerpos. Obstáculos no habrán; caminos se abrirán. Sigue hermana, con tus obras; muchas son y serán, hasta tu partida gloriosa y armoniosa. Nada de llanto; solo júbilo y alegrías plenas.

12 de febrero, 2013.

Espíritu desconocido:

Nosotros los seres espirituales nos conmovemos al ver tanta ingratitud en la tierra. El mundo está devastado por la iniquidad. El desamor y egoísmo reina entre las masas que se entretienen. Nos preguntamos: ¿Cómo llegar a ellos? ¿Cómo tocarlos y espiritualizarlos? Haciéndolos recapacitar, para que cambien de camino. Que se muevan, haciéndose a un lado de la muchedumbre y busquen la luz. Es una ardua tarea; muchos intentan impactar, sin resultados.

15 de febrero, 2013.

Espíritu de Gabriel: *(Lago.)*

En nombre de Dios Todopoderoso, Gilda querida; sorpresas y más sorpresas vendrán, de aquí y de allá. Es así la vida; el sembrador tira sus semillas con grande amor y sacrificio, e inesperadamente ve sus retoños; sus flores multicolores y frutos deliciosos crecer. ¿Cómo no creer en Dios? Dice Monserrate; a su Diosito adorado que tanto los ayudó y ayuda cada día, a todos por igual. Lo bueno de este paraje *(Lago)* es la paz y la privacidad; ideal para el escritor.

16 de febrero, 2013.

Espíritu de Monserrate. *(Mi madrecita)*

Dios nos ama, Gilda. ¡Alabado sea Dios! Gracias Padre por tanta dicha. *(Viajé a Luisiana e investigué una vida pasada de Monserrate allá.)* Lo de New Orleans, está muy bien pensado, está perfecto; un pequeño libro vendrá; Alberto te ayudará. Fuiste allí para recoger semillas del pasado que aún viven y vibran. Encontrarás la información; paso a paso, se va trabajando la historia linda y exitosa de seres que se amaron y se respetaron.

19 de febrero, 2013.

Espíritu de Gabriel:

En nombre de Dios Todopoderoso; Gilda querida la carga es pesada, pero liviana por la fe que mueve las montañas; no hay obstáculos para la fe; con ella las cargas se hacen ligeras. Todos queremos respuestas fáciles, rápidas y sencillas, pero no es así; a veces las respuestas son lentas por las circunstancias. Claridad del alma y del pensamiento son necesarias; siempre unidas a esa fe sólida. Gilda; nosotros somos tus hermanos y aliados; juntos, muy unidos, buscamos las nuevas metas. No podemos dejar atrás cualquier obra o servicio; Irrevocable es nuestro compromiso con Dios y con nosotros mismos.

No hay duda que hay escollos, pero son materiales y no valen nada; son pasajeros, son pequeños y podemos lidiar con ellos; los sobrepasamos. Te diré Gilda, lo ideal sería una carreta para ayudarte a llevar tu carga por largas distancias; la carreta somos nosotros, tus aliados invisibles.

22 de febrero, 2013.

Espíritu de Gabriel:

En nombre de Dios Todo Poderoso; todos nos acercamos para abrazarte y para darte nuestra energía cósmica. Si soy yo Gabriel. No hay nada mejor que la paz en el alma, en el hogar y en el mundo. Tenemos el deber de contribuir a esa paz mundial con nuestra paz personal. Son gotas que van depositándose en el mismo mar. Queremos animarte hermanita, para que sigas tu camino en paz, con tu devoción activa, firme y constante. No te detienes, esa eres tu; incansable con tus responsabilidades sagradas. El libro nuevo se está desarrollando y preciosos matices tendrá; todavía faltan algunas historias lindas e interesantes. ¿Cómo es que hay quienes dudan? En todo a su alrededor ven la sabiduría y misericordia del Creador. La armonía del Universo es muestra perceptible de una Inteligencia Suprema. Hay humanos engreídos, sabiondos e ingratos que no quieren reconocer una energía universal cósmica en control de todo.

Espíritu de Gabriel:

En nombre de Dios Todopoderoso: aunque sea poco; vamos a escribir. Hay que explorar y limpiarse; no todos pueden hacerlo; les cuesta un gran esfuerzo. No tienen la voluntad y mucho menos el deseo. Es más fácil seguir en las mismas; sin alteraciones morales. Siempre estamos pidiendo iluminación, porque ese plano terrestre está entre sombras; con nubes negras de descontento. Hacen falta muchos rayos de luces para penetrar la neblina. ¿Para qué? Ese es el lema de la pereza; Sin embargo, piden asistencia diariamente a Dios. ¿A cuenta de qué? ¿Dónde está el buen ejemplo? ¿Las muestras? ¡El comportamiento sigue igual! ¡No se debe pedir, sino se puede dar!

25 de febrero, 2013.

Espíritu de Alberto:

Paz y amor querida Gilda, soy Alberto; aquí estamos unos cuantos; un hermano espera para continuar con su historia. Vamos a lograr nuestro sueño de escritura automática total, lo haremos; seguimos practicando como ahora. Es necesario que termines esta obra; porque habrá una pequeña pause; "Un respiro para ti." Te amo.

Espíritu de Urack:

Si, como te decía; mi determinación era amar y fíjate que ironía; lo sentí hondamente después de la devastación. En esa época remota el ser humano era casi bestial, no pensaba ni sentía; parecido a muchos seres ahora. Solo la sobrevivencia les preocupaba. Pero los cataclismos los ponían en su pequeñito lugar comparado con una fuerza mayor; que sabemos que es el Creador; para ellos era incomprensible; que algo más fuerte y desconocido existiera. Ahora lentamente aprendiendo a pensar aunque eran ideas vagas; pero surgían interrogantes y así se va desarrollando la conciencia. Son recuerdos muy remotos; memorables porque fueron catalizadores que calmaron una sed de progresar y nos empujaron hacia nuestro destino; en nombre de Dios.

26 de febrero, 2013.

Espíritu de Gabriel:

En nombre de Dios Todopoderoso; nunca sabemos de dónde provienen las sorpresas, pero vienen. Esa es una de las cosas buenas de Dios; siempre nos da regalos. Son manifestaciones de un Padre que nos mima y también nos premia por nuestra conducta; sí, sí, como con los niños; que somos. Deseamos darte regalos hermanita, sabes bien que lo hacemos con la inspiración.

Espíritu de Urack:

Las lluvias iban y venían; estábamos todos sin hogar. Muchos dormían y dormían con depresiones; poco a poco muriendo. Sobrevivieron sólo los muy fuertes como yo que era joven, fuerte, y muy decidido a vivir. Seguía adelante; buscando la supervivencia de cualquier manera o forma. Sentía una oleada de algo que yo no había sentido antes; fue una chispa colocada allí por Dios; un renacimiento desconocido por mí, porque todavía era una criatura salvaje.

En el camino a ninguna parte; se nos unieron algunos rezagados; como yo, hombres fuertes, con mujeres sobrevivientes; no había niños. Nos uníamos para protegernos; escuchando ruidos de animales, al parecer buscando comida como nosotros. Hierbas y frutas dispersadas nos mantenían vivos. Sentía nuevas sensaciones; aunque yo no sabía nada sobre las emociones; yo nunca había sentido otra cosa que las pasiones de la carne. Por primera vez estaba preocupado por otra; una mujer que viajaba con nosotros. No era la habitual sensación de lujuria o auto gratificación; era más un sentido de cuidado; en querer protegerla. Me gustaba la sensación y recordé los brazos desconocidos que me abrazaron después del cataclismo; por fin Dios despertó mi conciencia con su tierno amor; todos fuimos creados con una conciencia y libre albedrio, pero estaba dormida.

Me preguntas; ¿Hacia dónde vas con esto? Bien, episodios como los míos todavía están sucediendo ahora; aunque la tierra ha progresado. Sí, todavía hay muchos salvajes como yo; con el sentido, corazón y alma dormida; que habitan en ese planeta. Tenemos que agitarlos para que sientan el amor de Dios dentro de ellos. Palabras no los alcanzan fácilmente, porque están tan distraídos; pero en cierto momentos su soledad y su insatisfacción personal es enorme. Sienten un vacío inmenso; un eslabón perdido con el Creador; sabiendo que algo deben cambiar y se preguntan: ¿Cómo? ¿Será posible encontrar calor sincero y sensibilidad en ese mundo de ilusiones? Es un carnaval de fantasías sensuales mezclado con el materialismo y el amor al dinero. Se atragantan con su cóctel de consumismo, y cuando se desvanece la alta materialista, el alma grita y se lamenta de su engaño; creyendo que todo estaba perfecto.

Volvamos a mi historia: la mujer correspondió, pero también yo estaba desconcertado por mi conducta civil, porque generalmente yo era un bruto. Ella y yo nos comunicábamos en una forma mínima, pero hubo una comprensión de que ella sería mi compañera. Apenas hablando, seguimos nuestro viaje; hasta llegar a una aldea deshecha que todavía tenía algunas estructuras de adobe rústico. Lo hicimos nuestro hogar; el clima cambio, mejoró y creímos que podríamos vivir allí por un tiempo. Mi nombre era Urack; esa tierra estaba cerca del Mar de Persa, hace siglos. Mi historia en parte es desagradable, pero aún seductora; seguiremos.

27 de febrero, 2013.

Espíritu de Gabriel;

En nombre de Dios Todopoderoso: gracias Padre por tanta dicha; comprendemos y agradecemos las muchas bendiciones que hemos recibido. Hay muchísimo por hacer y no nos detenemos para contemplar la difícil tarea que hemos emprendido; solo marchamos con una fe solida hacia la culminación de nuestra obra. El granero está lleno de buenas semillas; solo hay que esparcirlas en terreno fértil; sépanlo o no los beneficiados.

Hermanita querida, maravillas vendrán flotando por el aire; son los pensamientos benéficos de los seres de luz, infiltrándose por tu ventana, Son susurros de amor y paz, ensalzando tu espíritu un poco cansado de tanto obrar. Dios es su benevolencia envía sus asistentes con, misiones de apoyo para nuestros hermanos en la tierra.

Espíritu de Urack;

No hubo cobardía ni titubeo; solo una insistencia en adelantar y conocer más y más esa nueva luz desconocida que nos alumbraba el camino. Ahora éramos muchos; unidos en la desgraciada que era maestra para nuestras almas primitivas e ingenuas. El tiempo volaba; empujamos y acelerábamos el paso para llegar a quien sabe adónde. Por fin llegamos a una civilización antigua, con mayor adelanto y con seres humanos inteligentes; era la Atlántida; pero nos encontrábamos en una parte desolada, al extremo de la península. La otra parte según contaban era adelantada y progresista; en todo los sentidos. Nosotros éramos peces, fuera del agua pero sabíamos que por algo sobrevivimos. Yo me había convertido en un líder. Hasta aquí; paz hermana.

3 de marzo, 2013.

Espíritu de Gabriel:

En nombre de Dios Todopoderoso; felicitándote una vez más Gilda; tu constancia es admirable. No hay nada que se interponga en nuestro camino; rapidito ejecutamos y publicamos nuestras palabras amorosas y sabias. Dios es muy generoso con todos; te das cuenta en todo momento; damos gracias Padre.

Espíritu de Urack:

¡Alabado sea Dios!; sigo contándote; pasaron los días y meses de nuestra odisea. Estábamos por fin; en las proximidades de la bella y resplandeciente ciudad de Atlántida. Arrinconados llegamos, pero la prosperidad que nos rodeaba nos facilitó los medios para mejorar.

El grupo se mantuvo unido, éramos una gran familia; nos unió la desgracia, pero nos respetábamos unos a otros porque vencimos sobre la destrucción y el caos.

Mi esposa, tuvo un hijo, muy parecido a mí, fuerte y audaz; dulce como su madre. Temblores se seguían sintiendo en la distancia; el pueblo temía que volviera a ocurrir otro cataclismo. Todos conocían nuestra historia; pueblos desaparecido, con los habitantes subidamente regados. No sabíamos lo que podía suceder; vivíamos día a día. Los habitantes nativos de la gran ciudad, eran bien parecidos, inteligentes y benévolos. Nos asistieron a incorporarnos a su sociedad; aunque nosotros no éramos muy atractivos y nuestras costumbres eran primitivas y atrasadas; además éramos ingenuos; como niños perdidos con deseos de aprender.

4 de marzo, 2013.

Espíritu de Urack:

¡Gloria a Dios en las alturas y a los seres de buena voluntad! Aquí estamos congregados orando contigo, dando gracias por tantas bendiciones. No hay porque dudar, temer, ni titubear; solo creer y laborar en su nombre. Estamos muy contentos, esperanzados y listos para seguir nuestro relato, con acordes de Dios. No pasaba un día en que no nos preguntábamos como llegamos allí; fuimos de la nada, a la opulencia, así de drástico fue el cambio. Un crecimiento de espíritu veloz, que algunos sabíamos que era una fuerza mayor que nos protegía; que había alguna razón para todo esto. El gran tesoro era la fe; que nos mantenía equilibrados, en pie y serenos.

¿Qué sucedería? Era la pregunta perpetua en nuestros pensamientos y tuvo que suceder después de muchos años; yo ya era un anciano, igual mi fiel esposa. Sonaron las trompetas en advertencia de alarma; como alertas en la noche. Temblaba la tierra y las aguas hervían; el descontrol era total; nuevamente los habitantes corrían espantados gritando; los relámpagos llovían sobre la tierra y multitudes de seres espavoridos desaparecían. Para nosotros era una amarga repetición de nuestra pasada pesadilla. Igualmente buscamos escape, pero no lo había; las aguas envolvieron a todos.

5 de marzo, 2013.

(Había tenido una disputa y me sentía disgustada; por un instante perdí la serenidad necesaria para hacer mis oraciones.)
Espíritu de Gabriel: *(Lago)*

Que no te tumbe nadie; adelante buena hermana. Tu obra es la prioridad; no tú, ni él. Eres simplemente un vehículo con imperfecciones, como tu auto es para ti. Úsalo bien, cuídalo, condúcelo pero no lo choques. La quietud es esencial para la inspiración; se abren los canales mentales y espirituales con el silencio de la naturaleza. Razona; esa calma es muy necesaria.

6 de marzo, 2013.

Espíritu desconocido:

¡Oh mi Dios! ¡Es maravilloso que podemos escribir; Gracias, Jesús! Dime pequeña hermana, ¿cómo lo haces? Pero lo haces.

Yo soy tu amiga desde siempre; como se dice; nos queremos y nos ayudamos una a otra. Quiero decirte lo que me pasó: por favor escribe; ayudaré a algunos. Sé que tienes a alguien pendiente, pero me darás unos minutos.

Yo era una rebelde como tú; oh sí, también muy dominante como tú; por esta razón nos llevábamos muy bien. Aprendí mi lección de la manera dura; una vez más como tú. He reencarnado algunas veces desde entonces; en la lejana Argentina; donde vivimos un par de veces. Allí comenzó mi purgatorio; tuve que sacrificar a mi familia y el hogar para arrepentirme. La lección debe ser aprendido, tarde o temprano, mejor temprano que tarde. Dios en su misericordia lee nuestro pesar y nos ayuda cuando clamamos por ayuda. He venido hoy para agregar mi sabiduría limitada a tus notas; yo disfrutaba tu amistad y ahora quería ser parte de este trabajo; Gracias querida amiga y como dices con frecuencia; sobre todo gracias a Dios.

Mi mensaje es tan sencillo; hay esperanza para todos, siempre, pero con un sincero arrepentimiento; un verdadero deseo de hacer bien, para rectificar los hechos; no somos malos; somos sólo equivocados y engreídos. Nuestro mejor amigo es Dios; nuestros compañeros son sus mensajeros; juntos nos asisten; levantándonos del hoyo de la tierra. No podemos alejarnos de nuestro Creador; yo sólo quería decirte eso. Dios te bendiga; a tus hombres y a la niña; querida amiga. Nos vemos luego. Mildred.

Espíritu de Urack:

Luz y progreso Gilda, continuamos; no debemos detenernos mucho en los pormenores sino en las grandes enseñanzas; en las muchas lecciones que encierran nuestras historias; somos aprendices y cada paso dado nos enseña a caminar, pero por el camino estrecho, derecho a Dios.

Soy Urack; como te decía; éramos una manada de salvajes rescatados por Dios y guiados a un pueblo en progreso, que ahora igualmente era devastado. Todo esto tiene su causa; como repetimos sin cesar; siempre hay que comprender que la voluntad de Dios no es un capricho; sino una justificación, es una causa con efectos. Sucedió lo que se esperaba; derrumbes, inundaciones y muertes físicas; yo flotaba junto a mis seres queridos pero no sucumbimos. La marea entró arropó y se retornó en un santiamén; rápido como una sábana sacudida por el viento feroz. Las tierras se acomodaban a sus nuevos cimientos. Se oía el rumor del viento y el gemido de los seres humanos. Que gran lección del poder de Dios; por más grande o pequeño que seamos; el Creador es más fuerte y más grande. No importa la sabiduría, intelecto, o avance tecnológico de la humanidad, se le puede arrebatar en un instante. Debemos mantenernos humildes; no digo sometidos; con libre albedrio pero conscientes de nuestro lugar en el esquema espiritual universal. Somos seres en evolución; sacrificios y disgustos tendremos pero por algo será; debemos aceptar y agradecer las oportunidades de aprender y ascender.

Te dije que nos salvamos por la Gracia Divina; entrelazadas las manos y abrazados firmemente nos mantuvimos; creando como una pequeña balsa humana para acomodar a nuestro hijito. Aterrizamos violentamente pero sin mayores lesiones a una gran distancia de nuestro hogar. El lugar desconocido estaba rodeado de arbustos que filtraron las aguas; conservando algunos espacios de terrenos húmedos y otros secos, pero suficientemente escurridos para sujetarnos; ahí increíblemente nos dormimos. Piensas que esta es una novela; si es así pero hay un propósito en mi relato. Tú lo viviste conmigo; fuiste mi esposa. Hasta aquí por hoy; es mucho para ti.

8 de marzo, 2013.

Espíritu de Gabriel:

En nombre de Dios Todopoderoso; todos podemos cumplir con nuestros deberes y obligaciones en ese mundo turbulento. No hay porque desesperarse, llorar o quejarse, todo es tan pasajero; vamos acelerados hacia nuestro encuentro con el infinito, con nuestro Padre Celestial que sabe lo que está en todos los corazones; por más que traten de cubrirse o engañar a los demás.

"Venid hermanos, venid" dice uno aquí. Hay muchos encuentros amorosos en estas sesiones de espíritus. ¡Alabado sea Dios! Dejemos a un lado discordias y prisas por terminar; hay que tomar la vida con ecuanimidad; con una calma divina para que escuchen los acordes celestiales en sus almas y cerebros. Todavía hay unos apuntes que dar.

Espíritu de Urack:

La brusquedad era grande para situarnos; los pasos lentos y pesados, pero aun teníamos la voluntad de seguir, porque una vez más Dios; una fuerza Omnipotente que presentíamos nos daba vida. Yo siempre preguntaba; ¿Porque? Era un gran enigma y después de un largo tiempo de sufrimientos, escases y algunos logros; encontré la respuesta. ¡Mi evolución! ¡Nuestro crecimiento espiritual era la respuesta!, Todos hemos comenzado la jornada gateando, en cuclillas, arrastrándonos por momentos; aprendiendo y superando; esa es la evolución del espíritu. Es necesario la voluntad de hacer, la fe de creer y la determinación de persistir. Yo ahora comprendo cual importante fue ese primer capítulo, en esta novela como tú dices. Para ti hermanita amada también fue así; pero tú desarrollo fue un poco más lento por diferentes razones, pero igualmente dominaste los impulsos del cuerpo. Todos estamos encadenados; si unificados, arriba o más abajo; la cadena es muy larga y sólida. Vamos todos bordando los ligamentos con nuestro amor; todos tejiendo una cadena con pensamientos y hechos.

Por fin salte a otras encarnaciones; tú te quedaste, rezagada; más tarde nos encontramos y nuevamente compartimos matrimonio; son cosas inexplicables. La unión de los seres que perciben y presienten lazos de antaño; por ahora no puedo decir más; simplemente; deseándote felicidad; sé que no la has tenido en esta vida, pero has cumplido con tus seres queridos.

Espíritu desconocido:

Sí, *"El Señor es mi pastor; me dirige... yo sigo su ejemplo; su orientación; su rastro de amor."* Deja lo que estás haciendo ahora.

Gilda:
¿Por qué?

Espíritu:
Porque yo lo digo.

Gilda:
¿Quién eres?

Espíritu:
No me conoces.

Gilda:
Está bien, pero dime quién eres y por qué estás aquí.

Espíritu:
No.

Gilda:
Por favor.

Espíritu:
¡Esto es tonto! Sin embargo, alguien me está empujando, para que hable. Diciéndome que yo tengo algo importante que decir. No sé nada de eso.

Gilda:
Dime.

Espíritu:
Mi nombre es Emmanuel.

Gilda:
Sí, continúa.

Espíritu:
Hoy llegué aquí de Suecia, y no sé cómo lo hice; de repente estaba escuchando tu lectura acerca de Jesús. ¡Amo a Dios, a Jesús y la Virgen! Eso qué estás estudiando; el aprendizaje es importante para tu obra; me han dicho que te lo diga.

Mi vida es muy interesante; sí es un relato largo, pero lleno de aventura, amor y lecciones; así que siéntate para oírme. Nací en Estocolmo y provenía de una familia acomodada de profesionales; con comodidad, abundancia y con muy poco amor. Era frío en el exterior e interior. Nuestra familia se llevaba como un negocio, con normas y reglamentos. Las comidas eran como reuniones de negocios; sin ningún calor y poca risa; pero sobrevivimos. Yo me crie con poca expresión; era introvertido; con los sentimientos y emociones reprimidas. Tuve solo directrices. Sentía la necesidad de alcanzar hacia fuera, en busca de emociones y sentimientos cálidos; simplemente amor. Me encontré con lujuria en su lugar, perversidad y decaimiento, cubiertos con dinero y con el lujo y la belleza artificial. En el fondo de mi alma yo sabía que todo eso era confundido con el amor verdadero; pero en ese momento eso era todo lo que había.

Me topé con ella un día primaveral; una hermosa tarde soleada. Ella se paseaba en la explanada, delante de mí. Yo tenía mis treinta años y soltero todavía. Ella estaba en sus veinte años y soltera también. Iba caminando despacio con un familiar;

pausadamente parecía que estaba flotando; sus pasos eran lentos y suaves y me llamó la atención. Yo inmediatamente pretendí acercarme; mi pensamiento claramente le llegó a ella, porque se voltio hacia mí. Sus ojos eran gemas verdes que brillaban. Es el reconocimiento de las almas; yo quedé prendido al instante. Ella sonrió, mientras que su tía la regañó; pero ella se mantuvo firme. Le pregunté su nombre: *"Marie Encarnatte."* Me respondió. Nuestras familias se conocían entre sí, lo supe más tarde. También sabía en mi alma que nos reuniríamos nuevamente. Yo le di una indicación de dónde encontrarme, y me despedí. Pronto seguiremos.

11 de marzo, 2013.

Espíritu de Emmanuel:

Aunque sea con poco tiempo, vamos a seguir el relato. Algún poder tenía y lo usaba a mi gusto, era abusador; me apena decirlo, pero aprendí, y ahora estoy en el camino de Dios. El camino recto de la piedad, bondad y amor; todos aprendemos. Son recuerdos gratos e ingratos que te cuento. Son lecciones que quiero compartir con mis hermanos en pena. Nadie es perfecto en esa morada; buscamos la luz para acercarnos a la perfección, que es Dios. Yo era bueno, pero ignorante como tantos otros. No sabía mucho de piedad, ni de caridad; mi crianza no fue así; fue *"Auto-satisfacción" "Auto-indulgencia."* ¿Por qué perdemos el tiempo? Disfruta el tiempo, pero ayudando a los demás; amando y creciendo como las encantadoras plantas y flores. Ellas tienen sólo un propósito; servir con su belleza y propiedades; medicinales o no; dándole a los demás.

Volviendo a mi historia; te dije que la encontré; ella era radiante como el sol; un alma feliz era, pero también engreída como yo. Pertenecíamos al mismo círculo social; pero no nos habíamos conocido hasta ahora; fue el destino. Por fin yo tenía un propósito, algo que buscar, algo para soñar. Alguien que valía la pena; recuerda esas palabras. Vamos a seguir; ahora ve con Dios en paz.

12 de marzo, 2013.

Espíritu de Emmanuel;

Vamos a ver, ¿Dónde estábamos? Padre, te damos gracias. Sí, recuerdo; yo llegue así, como si nada; ¡en un abrir y cerrar de ojos aquí estoy hablando contigo! ¡Dios es verdaderamente genial!

Debo decirte que eres persistente; eso está bien. Se hacen las cosas; lentas pero seguras. Bueno, sigo con mi historia; fue una sorpresa el encuentro con alguien querido inmediatamente por mí. Nunca me había sentido así antes. Por lo tanto yo la busqué a ella, esperando ansiosamente la próxima reunión, y ocurrió; pronto e inesperado; fue enviada por Dios pensaba yo. Seguramente me crees; aunque detecto que cuestionaste mi nombre y mi historia. No soy la misma persona que creías. No, yo no soy; pero un descendiente de él; ¡sí!!!

13 de marzo, 2013.

Espíritu de Gabriel:

En nombre de Dios Todopoderoso; hay un bello sentimiento en ti hermana; resultado del sacrificio y entrega total al amor, que es Dios.

Nada realmente te descorazona; el amor de Dios y tu misión, sobrepasan cualquier cosa en el camino; no hay ningún obstáculo. Eres sincera y eres fiel a tus convicciones. Ahora estás marcando más tus pasos a un mejor ritmo; acrecentándolos para servir a Dios a través de tus obras; se puede decir que es un ministerio. La determinación en el ser humano es primordial porque es capaz de levantarse del piso un millón de veces si es necesario; nada le impide su cometido. Resultados buenos tendrás; busca en ti la quietud. Aquí hay muchos artistas congregados, esperando la hora del comienzo del libro de ellos.

(Hace años que estoy por compilar un audio libro de historia oral de la música popular de Puerto Rico; narrado por artistas; intérpretes y compositores, de distintos géneros; que yo entrevisté en mis programas radiales, en las décadas del 80 y 90.)

14 de marzo, 2013.

Espíritu de Emmanuel:

¡Esto es increíble! ¿Cómo somos capaces de comunicarnos diariamente como dos buenos amigos? Dios es verdaderamente generoso y misericordioso, porque nosotros no somos tan buenos; hay necesidad de aprender mucho más; pero yo estoy tan contento de hacerlo. ¿Por qué siempre dudas? Eso realmente es un gran problema; olvídate de los signos de interrogación. ¿Por qué tú no usas los puntos de exclamación?

Esta historia es muy, muy bonito; los amantes secretos esperaban su próximo encuentro; buscando entre sí, pero era un mal momento porque yo tuve que viajar a otra tierra; era entonces un militar y conducía una contingencia y no hubo mucho tiempo para avisarle; así que me marché en una misión a África; esto fue hace muchos siglos. Yo era un hombre fuerte con una personalidad más fuerte; casi brutal y despreciable en mis modales. Sin darme cuenta, mi encuentro con Marie, me había suavizado y por primera vez en mi vida, yo ahora lo pensaba dos veces, antes de lastimar los sentimientos de los otros. Esta nueva actitud me ayudó con mis subordinados; ahora había más respeto y menos miedo.

Entiende esto mi hermana; todas las historias que recibes no son dadas para entretenimiento; sino como enseñanzas. Todos nosotros tenemos una meta de compartir nuestras miserias y felicidades para orientar a nuestros hermanos y hermanas en la dirección correcta; con el fin de que tomen mejores decisiones en sus encarnaciones terrenales. Todavía estamos aprendiendo; esto todavía no ha terminado. Podemos acercarnos y compartir contigo debido a nuestra conexión con ese planeta Tierra. Yo estoy mirando hacia adelante deseoso de subir a otro plano; esto se trata de una asignatura; como una tarea escolar. Tu buena disposición es útil y cuando todo esto se haga; experimentarás muchos momentos dichosos.

Volviendo a mí historia; mi viaje parecía interminable y finalmente tuvo fin después de dos años sangrientos. Había sido herido y cojeaba, pero todavía pensado en ella. Al llegar a casa el deseo de verla me abrumaba y comenzó mi búsqueda. Para esa época la gente no vivía mucho tiempo; muchas enfermedades atacaban a los niños; las madres jóvenes y los ancianos eran golpeados por las plagas. Me contaron que Marie había perdido su vida durante un parto, pocos meses antes de mi llegada.

Ella había sido inducida a un matrimonio; esa era la costumbre; seguiremos.

15 de marzo, 2013.

Espíritu de Gabriel:

Hay que pensar en Dios Todopoderoso para uno sentirse feliz y agradecido por tantas bendiciones en distintos estuches. Nos debemos unos a otros; ahora y siempre; nadie progresa solo; siempre tenemos aliados invisibles extendiendo sus manos. Es un concepto tan sencillo y sin embargo tan difícil de dar a conocer a nuestros hermanos; egoístas y enajenados. Queremos ser fieles a nuestras convicciones; así dormimos en paz y nos levantamos deseosos de obrar; eso te sucede a ti Gilda; pero debes controlar tu ritmo para que no agotes tus recursos naturales. La energía que otras llevan igualmente afecta tu disposición, haciéndote luchar con el sueño. Todo esto está pasando rápidamente; aunque para ti es lento; pero piensa que el compromiso se está cumpliendo.

Espíritu de Emanuel:

Jesús amado ayúdame; yo era muy devoto, pero muy resbaladizo; arrepentido estoy y deseo hacer bien, es mi única meta. Reparar injusticias y aliviar penas. Déjame seguir contándote Gilda; soy Emmanuel: no me olvidé que tenemos una obligación de terminar mi historia. La dejamos con la desencarnación de mi amada Marie. Yo quedé desconsolado, devastado, como te puedes imaginar, pero sabía que la vería de nuevo. En el frente de batalla su imagen me había impulsaba, aun cuando desfallecía, su sonrisa me animaba. Éramos uno sin haberlo sido en esa vida;

¿Qué te parece? En nuestro pasado, como espíritus libres habíamos coincidido muchas veces y pedimos reunirnos en esa existencia, pero no se pudo. Yo sentía su presencia mientras estaba obligaba a seguir viviendo sin ella. Mi familia de sociedad como la de ella, me daba una opulencia vacía. Solo me quedé hasta una edad avanzada y me consolaba saber que al fallecer nos encontraríamos; tanto ame a ese espíritu. Amando bien conservamos nuestros tesoros del alma. No se pierde nada en el Universo, todo es rescatado por ese Padre. Todo retorna a nosotros porque El Creador en su misericordia sabe lo qué y cuándo lo necesitamos; pero debemos merécelo

Viví mucho y sufrí más; siempre esperando el reencuentro, Por fin llegó el día final de esa vida estéril y al cerrar mis ojos sentí su calor cerca, al reabrirlos vi su faz y su perfume me envolvió. Era mi amada Marie que me recibía; juntos estamos en el infinito como deseábamos recordando nuestros muchos encuentros previos y nuestro acuerdo de reunirnos una vez más. Son tantos detalles luminosos de amor puro que te guardo para tu próximo libro. Es un hecho irrefutable, certero que vivimos como deseamos vivir; buscamos la vía; está en nuestras manos hacer buen uso de nuestras encarnaciones. Dios nos permite volver y volver acompañados por seres amados; siempre depende de cómo manejemos nuestras vidas. Obviamente Marie y yo no pudimos compartir esa vida pero sabemos ahora por qué y está justificado. Somos felices porque estamos juntos y muy deseosos de revivir en mayor escala, más cerca de Dios; Amen.

Espíritu de Gabriel:

En nombre de Dios Todopoderoso; nosotros aquí reunidos te imploramos perdón Padre, si hemos fallado; si hemos tropezado; somos frágiles y débiles y por momentos nos creemos fuertes y poderosos. Pedimos tu bendición Padre; tu mano poderosa nos guía, alienta y estimula para continuar con nuestras obras; porque son muchas y para muchos. Hay siempre de dónde agarrarse si se cree en Dios; pobrecitos los que dudan; resbalan y no tienen un sostén; siguen como si fuera una chorrera hacia abajo; siempre descendiendo, hasta que reconocen sus errores y piden perdón con el propósito de levantarse del lodo y comenzar por fin su tarea. Es un consejo para los que se preguntan constantemente el porqué de su desesperanza. Preguntas parecidas siempre habrá y respuestas también; al indagar es un deseo de enmendar.

Espíritu de Alberto:

Gilda querida estoy abrazándote; con tu madrecita, Helena y muchos más; somos un grupo amoroso, ya tú lo sabes. Concluiremos unas historias, pero pronto cerraremos este capítulo; porque los libros deben salir rapidito; tranquila reposa y termina las obras. Los amamos sin límites. Dios los bendiga y a todos.

Espíritu de Gabriel:

En nombre de Dios Todopoderoso; no sabemos cuántas cosas maravillosas pueden suceder de un momento a otro y así es; Dios siempre nos sorprende; pero eso es, si obras bien, piensas bien y amas; entonces las sorpresas son gratas. Aunque a veces, los seres humanos no se explican los reveses de fortuna y los obstáculos que también se presentan; pero hay que verlo todo por un lente positivo y amoroso; sabiendo que todo viene de Dios; Él no se equivoca. Nada poseemos; todo lo tenemos con Él.

Espíritu desconocido:

Para comenzar, un saludo muy cordial para el mundo, o los mundos, aquí y allá. Hermana, muchos seres te quieren y te respetan. De la opulencia a la pobreza; así es la vida en la tierra; puede haber un cambio en cualquier momento; se alteran los polos en un instante; mostrando el poder del Creador. Es por eso que debemos ser humildes y agradecidos y cada día de nuestra encarnación saborear la dicha con familia; amigos y con la ocupación; si, porque ese medio te proporciona tus necesidades.

El propósito de esta narración es muy simple; no importa en qué siglo hayas encarnado, o en qué circunstancias; todos nos rotamos, hay reencuentros constantes que nos alegran inmensamente. Pasarán los siglos y somos como niños, en busca de nuestros padres, hermanitos y amiguitos. A veces nos topamos con villanos de nuestros dramas pasados; como prueba o castigo para ambos.

Sea los que sea hay que amar a ese Padre que tuvo piedad; perdonando nuestras necedades y majaderías que todos tenemos. Las escalera universal es muy alta y hay muchos escalones, por eso debemos subirla lentamente y con pausas para no perder el equilibrio; derrumbándonos en la nada. Todos nos hemos conocido, compartimos, en las buenas y en las malas; y fíjate como nos encontramos ahora; obrando juntos una vez más; cada uno en una dimensión diferente. ¡Dios sí que es grande y sabio!

Gilda; fuiste hermana mía; no en la vida que se narró ahora; sino en otra más tarde; la historia nuestra está ligada a otra relatada antes. Piensa, analiza y llegarás a tus conclusiones.

18 de marzo, 2013.

Espíritu de Gabriel:

En nombre de Dios Todopoderoso; paz y amor para todos los aquí reunidos por amor y con un deseo de mejorar este mundo nocivo por las pasiones y el vicio. Cada día se necesitan nuevos apósteles; los nuevos mensajeros y obreros del amor y la fe. Karym *(Mi hijo)* su amigo, joven como él; quieren ayudar y lo lograrán; apenas están preparándose para lanzarse al mundo con sus mensajes de amor y benevolencia. Es bello ver la juventud en acción con tanto entusiasmo y amor a Dios y a sus leyes. Hagamos una pausa para permitir la entrada de un hermano con su mensaje, también amoroso.

Espíritu desconocido:

La vida a veces nos sorprende y también nos traiciona; porque esperamos tal cosa y hay un revés, que sale de la nada; interponiéndose en el camino. Yo buscaba la luz y me encontré con la oscuridad. ¿Que como es eso? Muy fácil; me fui por la vía equivocada. Tuve la opción de seguir el camino recto pero opté por la vía fácil y tenebrosa. Así le pasa a muchísimos que no son malos sino equivocados y temerarios; no escuchan los consejos; y cuando vienen a ver, dicen: *"Es muy tarde,"* pero no, siempre hay esperanza y reparación aunque se demore. Nosotros todos tenemos en nuestras manos opciones; buenas o malas, a la derecha o la izquierda. Eres el conductor de tu alma; más bien el copiloto; porque tu capitán te permite tomar decisiones.

Hay que abrir bien los ojos para ver la carretera, evitando las barreras, los escollos y los precipicios. Todo eso se puede lograr; sino en una vida en la otra; es lo maravilloso de nuestra evolución; Dios siempre nos da otra oportunidad. No perdamos tiempo en chiquilladas y necedades. Hay que enfocarse en nuestra tarea de hoy; no en la de mañana; la de hoy que nos conduce a mañana; pero bien logrado, sin escatimar, ni chapucear. Por fin llegará el gran día de la redención y la celebración en el mundo eterno; con nuestros seres queridos de toda una eternidad. ¡Alabado sea Dios!

Espíritu de Gabriel:

En nombre de Dios Todopoderoso; yo no sé porque tú te afanas tanto; esa no es vida; es agonía. Claridad en tus pensamientos Gilda; deja la angustia a un lado; sigue concentrada en tu obra. La vida transcurre con llanto y sin llanto; es mejor vivirla con alegría. Deja de pensar y rebuscar; serena esa mente inquieta. Entrégate a la lucidez de Dios. ¿Qué cómo? Déjame explicarte una cosa muy simple y saludable para ti y todos. Ningún laberinto se arregla en un día; se puede comenzar a desatar los hilos y el enredo en un día; pero para desatarlos totalmente se demora; de acuerdo con los conocimientos y agilidad espiritual y mental. Nuevamente estamos hablando de la falta de paz, paciencia y cordura; que son las herramientas necesarias para componer el laberinto; que por cierto se estuvo formando por mucho tiempo; no sucedió de un momento a otro; lo creaste tú; arréglalo tú con la ayuda de Dios y la inspiración de tus aliados los espíritus. La ira, la discordia, el enojo; fuera. ¡Por la ventana! Eso no ayuda en nada, al contrario es un escollo y es detrimento para la salud. Comienza a poner tu casa en orden. Los amamos.

20 de marzo, 2013.

Espíritu desconocido:

¿Yo no sé lo que me pasa? Estoy lento; dispuesto a laborar, pero me siento lento. La pereza es cosa triste en cualquier mundo o condición; dejas de hacer y te hundes. Siempre hay excusas para despreocuparse. ¡Es lo más fácil! La vida se nos va en la nada; así he perdido muchas evoluciones y grandes oportunidades para progresar. He sido vago y me da vergüenza admitirlo; porque ahora comprendo mi falta; Dios me perdone. No soy malo, simplemente perezoso, indiferente. ¡Hasta que un buen día me di cuenta de la nada! Lloré y pataleé mi ignorancia, así es; soy y he sido haragán, pero Dios con su misericordia me ha dado una nueva oportunidad. Me han entregado una nueva agenda; preparada por Dios y transmitido por sus mensajeros y debo comenzarla pronto, pronto. Debo bajar de nuevo a esa densidad llamada Tierra, a trabajar; hacer por fin lo que no hice; perdí el tiempo miserablemente; ese es un mal muy común. Ahora tengo que aprovechar el momento, no desperdiciarlo; ese es el compromiso. Yo estoy listo, pero pido el apoyo de mis hermanos con oraciones. Dios es bondadoso. Gracias por escucharme, Gilda.

21 de marzo, 2013.

Espíritu desconocido;

Gloria a Dios en las Alturas y a los hombres de buena voluntad; amor eterno es el mío. Progresar y hacer la caridad es mi meta y en eso estoy muy claro. ¿Y tú? Ya conocemos tus intenciones y son nobles, pero hay que pulirlas; delinearlas, porque están un poco turbias; es como un dibujo que hay que delinear bien y con detalles precisos. Un bosquejo bien hecho da buenos resultados. ¿No entiendes todavía? Eso es muy típico en los seres humanos; pero con los años aprenden a determinar sus obras. Dicen que cada cual coge por su lado; eso también lo sabemos, pero a la hora de la verdad se necesita apoyo; comunión de pensamientos para asentarse y estabilizarse, o sea nos necesitamos los unos a otros; eso incluye a los dos mundos. Es el encuentro de dos mundos; si como el descubrimiento.

Cada día descubrimos algo nuevo; y debe ser una eterna búsqueda la nuestra, porque da resultados si se persiste en esa indagación. Nada de escusas, ni de lamentos; hechos tangibles deben ser los nuestros, para así al darle cuentas al Creador poder mostrarle una obra bien hecha.

22 de marzo, 2013.

Espíritu de Gabriel:

En nombre de Dios Todopoderoso; nadie está exento del sufrimiento en ese mundo. Hay menores y mayores ataduras con otros seres que nos imponen deberes; obligaciones que frecuentemente son muy penosas e incomodas. Todo eso es parte de los compromisos; hay que cumplir, sea como sea. Contigo Gilda, es un caso muy diferente; tu escogiste tus pruebas; sabiendo las muchas deudas que habías contraído en tus múltiples encarnaciones. Dios te ha premiado por tu disciplina y devoción, en esta vida; desde jovencita. Falta tan poco; no desfallezcas.

Otro espíritu desconocido:

Gilda Mirós, estoy muy presente; con todos los hierros. Soy músico y vivo musicalmente en espíritu, con la alegría de haberle llevado alegría y bomba al mundo; ánimo hermanita querida; go get it!!!!!!!

23 de marzo, 2013.

(El siguiente mensaje lo recibí el 5 de septiembre de 2007. Se extravió y no lo encontré hasta ahora.)

Espíritu de Fabio:

Los datos que te voy a dar son verídicos, esto no es ficción. Sé paciente contigo y con la tarea; paz y amor, hermana. Era Brasil, si, Brasil; que es un pueblo creyente y laborioso. Mi nombre es Fabio; yo era campesino; trabajaba en la finca de mi familia, ya que mis padres habían fallecido. Muy niño me convertí en huérfano, pero tenía una familia extensa y amorosa. Eran buenos conmigo, no me puedo quejar de mi niñez, porque no me faltó nada. El cuido de mi madre lo perdí primero, luego a los diez años faltó mi padre. No tenía hermanos pero sí muchos primos. Éramos muy creyentes en la obra espirita; algunos tenían facultades y era nuestra costumbre reunirnos una vez en semana para orar. Teníamos una buena relación con los espíritus, así como tú. Que dicha; ellos nos dan una paz y bienestar indescriptible.

(Reaparece el espíritu de Fabio ahora; seis años más tarde.)

Espíritu de Fabio:

Aquí somos muchos; el cuarto está lleno, como dice tu hermano Nel; Dios lo guarde y lo bendiga por su gran amor, paz y nobleza. La historia mía está incompleta; soy Fabio; Fabio, créelo; ese siempre es tu impedimento. Te había contado de mi crianza en una familia grande de Brasil, con amor y comodidad aunque no éramos adinerados pero si muy creyentes todos, y había un par de médiums.

Mi país vibra en espíritu y música. Somos felices a pesar de la gran pobreza; la desigualdad social es grande; aunque ya se ve una mejoría; pues hay mayor conciencia del espíritu. Se trata del amor a la vida y como mejorar el diario vivir. Yo cantaba mientras trabajaba y trabajé muchísimo; primero en la finca y después en la ciudad. De niño aprendí que las horas vuelan si cantas; es más fácil si te mantienes contento aún con los estorbos que se presentan constantemente en forma de personas y eventos; siempre hay de que quejarse.

Luego de hombre, en la ciudad bullicios de Rio seguí mis impulsos de artista; pintor, si, si pintor. Pintaba el cielo, el campo, pintaba mis experiencias de niño alegre, aunque huérfano. Eran festivos mis cuadros; yo dibujaba bien y le inyectaba mi amor con color a todas mis obras. Tuve éxito; ¡fíjate! Vendía mis obras a los turistas. Que dicha cuando veía que cargaban con un pedacito de mí en mis pinturas. Es una sensación extraordinaria, vender un cuadro no por el dinero; por el reconocimiento. Mi espíritu saltaba quería salirse de mi cuerpo flacucho. Yo no era atractivo, más bien carismático, simpático. Como la mayoría de mis compatriotas; la sonrisa está a flor de labios. Mantente tranquila, hermana.

Espíritu de Gabriel:

En nombre de Dios Todopoderoso; no debemos subestimar el poder del amor y la oración; es una combinación muy poderosa. El ambiente en tu entorna cambia cuando se reza; fluidos benéficos te llegan desde el infinito. Los seres familiares pueden acercarse y la Gracia Divina te arropa. Todo es posible con el amor y la oración.

Espíritu de Fabio:

Una bonita introducción y tan cierta. Soy Fabio; tenemos un compromiso y hasta la fecha no hemos fallado. Pues como te decía; era pintor, pero también inquieto; era un apasionado de la vida. No, no era malvado; muy al contrario, buscaba para hacer el bien; ayudaba a los más pobres con mis escasos ingresos. Aprendí algo sumamente importante; no es con cuanto o como le haces la caridad a tu hermano; tiene que ver con que actitud lo haces. Debe hacerse sin humillaciones y sin esperar remuneraciones o recompensas; hacerlo simplemente por la alergia de compartir.

Me sucedió algo muy bello y sorpresivo; un día vi a un anciano cruzando una ruidosa y activa calle de mi linda ciudad; pero el hombre estaba en peligro porque su vejez lo hacía lento y un poco desorientado. Yo corrí a su ayuda y justamente lo salvé de un terrible accidente. El anciano me miraba con gratitud. Lo atendí y comenzamos a hablar; él contándome de su soledad y yo de la mía; comprendo ahora que fue un encuentro predestinado. Lo acompañe a su pequeño domicilio y nos tomamos un café; allí yo iba a visítalo cada rato; se convirtió en familia. Pronto yo comencé a dibujarlo, porque los rasgos de su cara eran intrigantes, me parecían muy interesantes. Yo no era *"Retratista"* pero a él sí lo pinté y me sorprendió lo bien que me quedó el cuadro.

Un buen día rumbo a su casa me encontré con una linda mujer; que también hacia la caridad, visitando hogares de familias indefensas. Entablamos una conversación y mi interés por ella iba más allá; yo era un enamorado de la vida. Estos dos encuentros están ligados aunque tú no lo creas; porque los seres, sí se buscan y se encuentran cuando menos lo esperan. Dios guiándonos, nos envía.

El anciano murió del corazón repentinamente pero ahí quedó su cuadro; lucia vivo de lo bien que me quedó. Yo le hablaba al cuadro y le oraba. Su espíritu un buen día pudo manifestarse; lo vi y lo oí. Yo, tú sabes que era muy creyente, era espirita. El espíritu me dijo: *"Hijo mío, fui tu padre en el ayer y ahora no tuve hijos pero tu cumpliste conmigo; cumpliste una promesa que me habías hecho entonces; de cuidarme; lo hiciste"* Las promesas y las deudas son eternas; quedan impregnadas en el infinito y tarde o temprano se cumplen; estoy en paz y agradecido. Te amo, buen hijo."* Sus palabras se me quedaron en el alma y agradecí a Dios que pude cumplir mi promesa. Entonces pensé en la mujer que conocí, até cabos; obviamente ella tenía alguna conexión con mi espíritu porque la atracción fue espontánea y muy fuerte y no tenía matices físicos. Ella tenía un impedimento; poca visión. Paz y amor para todos los reunidos aquí.

25 de marzo, 2013.

Espíritu de Gabriel: *(Yo leía el Evangelio)*

Luz y progreso Gilda; es muy bello y educativo lo que lees, que mucho bien le hace a tu alma, un poco en conflicto por la vicisitudes de la vida, sobre todo tu rutina diaria. La armonía en todo es primordial, eso se aplica al trabajo como al ocio. Tenemos todos compromisos sagrados como te has dado cuenta por los muchos mensajes. Es lindo saber que el compromiso está sellado. Nuestras almas salpicadas por el amor de Dios danzan y cantan en una euforia espiritual cuando llegamos; logrando nuestras metas. Así será para ti, hermana.

Espíritu de Fabio:

Déjame seguir mi historia; si es muy bella; tiene sorpresas y buenas lecciones. Me siento muy satisfecho en poder divulgarla para que el mundo; los lectores sepan de la Misericordia Divina que es Dios. Hemos dicho que nada se pierde en el Universo; sobre todo el amor; eso queda eternamente. De repente te topas con un gran amor, o un acto de amor sincero, una obra de caridad, o una mano que le diste a un amigo, una palabra de consuelo a tiempo. Todo eso se queda, nada se pierde y podemos rescatarlo si se extravía. ¿Qué quiero decir? La intención debe ser buena, honorable y si no lo fue se puede rectificar; pidiendo disculpas por una intención indebida. Dios nos da libre albedrio y eso nos salva para rectificar y corregir nuestras actitudes de lo negativo por lo positivo; de la indiferencia al afecto.

Toda mi historia consiste en eso. La bella mujer que yo eventualmente pretendí y que me conquistó el corazón aún con su discapacidad, me hizo muy feliz; convirtiéndose en la madre de dos hijos míos y cumpliendo con todos sus deberes de esposa. Ese ser también me había conocido en una vida anterior; fue muy bella y buena pero yo había sido un tirano con ella y con todo y eso, ella me amó, y me perdonó. Me tocaba a mí ahora, ser dócil, comprensivo, paciente y tolerante. Yo tenía una deuda con ella y con nuestro amor que sobrevivió el tiempo. Mi esposa comprendía y aceptó mi creencia espirita; presentía también nuestro pasado; y agradecía a Dios como yo, por habernos dado una nueva oportunidad de unir nuestras almas. Llegamos a la ancianidad juntos; ella ciega y yo cuidándola; con gran amor que lo hice. Juntos ahora estamos; felices con nuestra revelación para ustedes y deseosos de escribir el próximo capítulo en una nueva encarnación. Gracias Padre.

26 de marzo, 2013.

Espíritu de Gabriel:

En nombre de Dios Todopoderoso; créeme Gilda querida; sin la fe en Dios no vale la pena vivir. Son muchos los que dicen no creer pero sus almas gritan pidiendo auxilio; buscando de que agarrarse para no hundirse en el pantano de la inmundicia. No creen porque no le han abierto la puerta al amor de Dios; Él está ahí tocando; esperando que lo dejen entrar. Muchos sabemos lo bello que es el amor; porque lo sentimos, practicándolo; es parte integral del ser espiritual, pero como un musculo hay que ejercitarlo porque si no se atrofia. Cada vez es más fácil cuando se obra con amor; nos da la claridad y capacidad para pensar y ejecutar; es tan y tan simple.

Gilda, lo que todos ustedes están viviendo, es el amor reciprocado; cada día hay más y más respuestas al amor y fe que todos tienen. Se puede decir que es una cadena amorosa que los ata y los lleva a la felicidad; que nunca es completa allí, pero que si hace esa evolución más tolerable. Apenas comienza ese nuevo ciclo de más paz y recompensas; es como dice tu hijo Karym; ¡Y lo que falta!

27 de marzo 2013.

Espíritu de Gabriel:

En nombre de Dios Todopoderoso; ¿Qué más podemos pedirle a Dios?, Mucho, mucho tenemos; somos ricos teniéndonos unos a otros; nuestro amor vale tanto; mucho más que dinero en el banco. Gilda querida; tu mente es un saltarín; debes aquietarte; hay buenos días y otros inquietantes; pero debemos mantener nuestra compostura espiritual en armonía todos los días; aunque lleguen tormentas, rayos y centellas; todo depende de esa armonía sostenido. Nadie nos garantiza paz; hay que buscarla, obtenerla y protegerla, como un bebito en tus brazos; porque esa paz crece como la criatura; dando bienandanzas del alma que son eternas. Nos habituamos a vivir en tumultos; con ansiedades y desequilibrio y nos olvidamos de lo esencial en nuestras vidas. Nosotros los espíritus traemos mensajes como apuntaciones. *"Recordatorios"* para que se revistan de amor, paz, fe y esperanza; que son las mejores ropas; el vestuario adecuado para toda ocasión. Dejemos a un lado las chiquilladas; esas costumbres nocivas que nos empequeñeces. Aunque el rio suene; tú como buen pescadora te mantienes en la brecha, esperando que pase la tormenta.

Sabes que todo pasará. Nosotros siempre estamos dispuestos y también agradecidos por tu disposición.

28 de marzo, 2013.

Espíritu de Gabriel:

En nombre de Dios Todopoderoso; estamos todos aquí; juntos como siempre, ayudándote; amándote y velando para que los muchachos puedan cumplir; ellos son buenos y siempre piensan en nosotros; saben que los acompañamos y lo agradecen. Gracias Padre; permitiéndonos estas comunicaciones y por nuestra unión bendecida por Ti. Hay pocas reuniones como las nuestras; variantes hay, pero sabemos que estas son muy especiales y eso nos agrada y nos hace muy felices.

Espíritu desconocido:

Querida amiga; quien soy; no importa; es lo de menos; mi mensaje sí que es importante. Traigo mis banastas; como dice Helena, llenas de bienandanzas para todos aquí y allá. Soy como Papá Nicolás; me gusta regalar. Sabemos que todos pedimos algo; siempre hay una necesidad y nosotros los ángeles mensajeros traemos las respuestas y los regalos tan ansiados por la humanidad. Solo pedimos paz en las almas, en los corazones y claridad en los cerebros. Se puede decir que es un intercambio amoroso divino; cálmate, tranquila para que recibas bien mi mensaje; progreso deseamos para todos; es la meta. La vida nos empuja de un lado a otro pero tenemos que tener fuerzas para sostener los golpes y las sacudidas. La fuerza no es bruta; hablo de la fe, que nos mantiene en pie.

"Streaming" es lo que recibe el periespíritu del médium, del espíritu; es una señal en vivo. Eso es un término nuevo ahora pero es más viejo que el viento; porque los espíritus se comunican proyectando su pensamiento, su frecuencia, hacia el ser con la disposición de recibirlo; el receptor. Ahora la ciencia confirma las muchas opciones en las comunicaciones; aquí y allá. Todo, todo es a base de frecuencia, energía; invisible por el ojo humano; pero muchos son susceptibles y la captan.

(De Wikipedia, la enciclopedia libre:)
*"**Streaming** media es multimedia que constantemente recibe por y presenta a un usuario final, al ser entregado por un proveedor. Su forma de verbo, "al corriente", se refiere al proceso de entrega de los medios de comunicación de esta manera; el término se refiere al método de entrega del medio en lugar del medio."*

Es necesario divulgar todo esto en forma sencilla y ahí entran los seres como tu Gilda; gracias por tu buena voluntad. Cambios sí que llegan; grandes y buenos. Sigue hermanita con tu empeño; apuntes tienes y tendrás más.

Espíritu de Helena:

Hermanita querida, es Helena; así es, no lo dudes Gilda; no dudes. Ese es un mensajero muy especial; que hoy nos honra con su presencia; agradecidos estamos todos. El deja un aura clara y fuerte de una energía pura de otra región. Gracias a él y gracias a Dios. Finalizando esta obra, habrá un camino ancho y muy lindo y por ahí entraremos juntos; como una caravana de bienandanzas. Paz y amor para todos.

Espíritu de Gabriel:

En nombre de Dios Todopoderoso; Gilda querida, no juzgues a nadie por tus principios, que se juzguen ellos mismos; porque cada uno tiene una consciencia; cada uno comprende las reglas de la buena conducta; hablo del espíritu. Es la consciencia que nos habla a cada minuto; es el detector de mentiras y tenemos alarmas de fuego espirituales, que nos avisan de las pasiones malsanas; de los egoísmos y las envidias. Todas esas herramientas están en nosotros; nacemos con todo un equipo, dándonos protección; pero con los años dejamos de escucharlo y se echa a perder y deja de funcionar; ahí está la tragedia. Nos quemamos en nuestra propia llama; aunque la alarma suene queriendo avisarnos. No hay peor ciego que el que no quiere ver ni oír; eso es muy cierto con el espíritu endurecido.

Hermanita buena; la obra está por terminar y nosotros todos, una vez más agradecemos a cada uno de los hermanas benévolos, abnegados y hacendosos que han laborado con nosotros; es como tú dices; es; *"Una Obra en Conjunto";* que quedará por lo siglos de los siglos. Tu hermano tiene mucha razón; tendrás muchísimos mensajes más y para tu próxima obra hay una gran cantidad de espíritus musicales esperando entrar en escena con sus instrumentos. Todo eso viene con el permiso de Dios.

Espíritu de Gabriel:

En nombre de Dios Todopoderoso; Gilda querida, que bien nos entiendes; con pocas palabras basta. Esa es la afinidad; así te pasaba con tu madrecita y mira qué lejos hemos llegado con esa comprensión y telepatía entre espíritus. Ya está listo el bizcocho; con unas cuantas palabras más, tenemos el manuscrito; y estamos confiados en que va lleno de consejos productivos y amor sincero para el mundo doliente; con Dios todo se puede. ¿Porque siempre pedimos iluminación? Porque en la oscuridad tropezamos y se hace difícil encontrar la puerta o el camino. Estar en las tinieblas es cosa triste; hay tantas rendijas y escaramuzas. Debemos fortalecer el espíritu como hacemos con el cuerpo, al tomar vitaminas y tónicos como reconstituyentes y cuando hacemos ejercicios; ambos, el cuerpo y el alma son importantes; esenciales en el progreso del espíritu en evolución. La mejor vitamina es la oración; y el ejercicio es hacer la caridad con obras, palabras y pensamientos. Nada hay que temer; la neblina está disipándose; siempre hay nuevas metas.

3 de abril, 2013.

Espíritu de Gabriel;

En nombre de Dios Todopoderosos; luz y progreso Gilda querida. Toda está listo por acá; el banquete casi servido; esperando la celebración en grande y con muchos invitados. Hay serpentinas multicolores y borlas que Helena trajo. Con bailes y música que Monserrate coordinó y dramatizaciones y recitaciones que Alberto organizó; eso y mucho más.

Flores, fragancias, luces y sobre todo alegría en las almas que han cumplido. No dejemos el incienso y las veladoras; que tanto le agradan a Gilda.

Espíritu de Helena:

Paz y amor hermanita querida; comenzaste el día tranquila. Aquí estamos contigo; todo va bien; ya verás los buenos resultados que tendrás por varias vías. Sí, sí, soy yo Helena; visitándote con gran alegría. Los dos libros están listos. ¿Lo puedes creer? ¡Qué maravilla! Gracias Padre y a los hermanos que han asistido. *"Lina" (Apodo)* has aprendido; ¡Alabado sea Dios! Sí, hay mucho, mucho más en distintas formas. ¿Quién lo diría? Es una gran hazaña entre todos. Tu madrecita, Monserrate hace un Can Can. ¡Es una celebración!

¡Que de cosas lindas hay en la vida! Si las buscamos y las saboreamos; es todo cuestión de apreciación. Cada instante puede ser bonito; cuando se ve todo alumbrado por una luz divina. Con el faro de Dios, la oscuridad se torna en claridad y armonía. Es cambiar la cara de la moneda; es invertir lo negativo por lo positivo con nuestros pensamientos, actitudes y buena voluntad. Todos tenemos ese poder; es gratis y está en nosotros; es una **linterna interna.** El generador es el amor de Dios y el motor es tu fe; trabajando en unísono. Ya ves que fácil es comprender que la felicidad está en nosotros; en nuestras manos está nuestra felicidad. ¡Sujétala; no la dejes escapar! Retenla, atesórala, protégela y compártela.

Espíritu de Gabriel:

En nombre de Dios Todopoderoso; hermanita Gilda imagínate un jardín con flores bellísimas y aromas y fragancias desconocidas en la tierra. Una brisa fresca te acaricia el rostro, trayendo más aromas de la lejanía. Hay un sol brillante y también hay varias lunas y planetas a la vista. Las aves gorjean sus trinares melodiosos y armoniosos. Las frutas abundan en diversos colores, tamaños y sabores. Los peces y animales multicolores saltan con alegría en sus ambientes naturales. Todos sienten la presencia de Dios; que está en el aire, en los árboles, en las montañas y los ríos. Él es el oxígeno espiritual que inhalamos; Él es quien nos hace vibrar; soñar y progresar. No existe la disensión ni la discordia; todo es armonía; es una felicidad intima, muy propio de cada uno; y de todos. Hay comprensión y compasión y un deseo ardiente de benevolencia. Deseamos aprender y perfeccionarnos, nadie es perezoso ni vicioso; somos hacendosos y limpios de alma y de cuerpo. Lo que describo hermana querida es solo una parte de la belleza que existe en nuestro mundo del espíritu. Es difícil bosquejarlo con palabras humanas porque el ambiente, los sentimientos y las emociones y alegrías son indescriptibles.

Esta postdata es para incitar a nuestros hermanos de la Tierra a que esperen su descarnación; que es el cambio del cuerpo físico al del espíritu; con paz y alegría. La calma ayuda el deceso del cuerpo y permite el recibimiento de ese espíritu por los seres esperándolo. Por más que se diga me quedo corto, pero dejo una interrogación y curiosidad en cada persona que lea esta página; esa era nuestra misión.

Gilda, el final no existe en ningún mundo; siempre es un rebobinar, un volver a emprender viaje. En eso estamos todos; listos para seguir con nuestras tareas que son misiones sagradas y compromisos de larga duración. La disposición está ahí, con las fuerzas espirituales necesarias para completar las metas. Vamos sondeando; arrojando los escombros y acumulando los tesoros del alma. Gracias Padre; te amamos.